MAKE TIME

Empieza cada día
escogiendo una Prioridad

PRIORIDAD

ence las distracciones
y gana tiempo para
tu Prioridad

Ajusta y mejora
tu sistema cada día

ÁSER

REFLEXIÓN

ENERGÍA

Cuida el cuerpo
para recargar el cerebro

MAKE TIME

MAKE TIME

CÓMO CENTRARTE EN LO QUE IMPORTA CADA DÍA

JAKE KNAPP Y
JOHN ZERATSKY

REVERTÉ MANAGEMENT

Make Time

Este libro incluye algunos pensamientos de los autores sobre dietas y ejercicios físicos. Se advierte que solo se proporcionan con fines informativos y no pretenden reemplazar el consejo de un médico. Antes de embarcarse en cualquier dieta o de practicar cualquier ejercicio físico, primero debe consultar a su médico.

Esta edición:
© Editorial Reverté, S. A., 2019
Loreto 13-15, Local B. 08029 Barcelona – España
revertemanagement@reverte.com

Edición en papel:
ISBN: 978-84-17963-04-0

Edición en ebook:
ISBN: 978-84-291-9526-2 (ePub)
ISBN: 978-84-291-9527-9 (PDF)

© Xantal Aubareda Fernández, 2019, por la traducción

Editores: Ariela Rodríguez / Ramón Reverté
Coordinación editorial: Julio Bueno
Maquetación: Patricia Reverté
Revisión de textos: Mariló Caballer Gil

Impreso en España – *Printed in Spain*
Depósito legal: B 21904-2019
Impresión y encuadernación: Reinbook Impres
Barcelona – España

1488

Para Holly y MICHELLE

Hay cosas más importantes en la vida que aumentar su velocidad.

—MAHATMA GANDHI

CONTENIDOS

PRIORIDAD

Tácticas para la Prioridad

Más de 80 tácticas a elegir. Te ayudaremos a encontrar las que te resulten más útiles.

CONTENIDOS

LÁSER 83

Tácticas para el Láser

ENERGÍA

REFLEXIÓN 251

EMPIEZA HOY MISMO LO DE «ALGÚN DÍA» 261

MAKE
TIME

INTRODUCCIÓN

Así habla la gente hoy en día:

Y así están nuestras agendas:

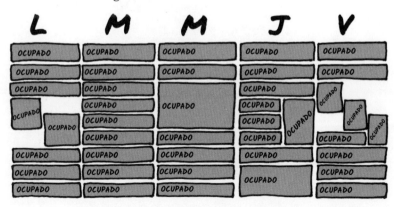

Nuestros móviles no paran en todo el día:

Y cuando llegamos a casa estamos demasiado cansados para conectarnos a Netflix:

¿Alguna vez has echado la vista atrás y te has preguntado *qué has hecho* durante todo el día? ¿Alguna vez te has planteado que un día harás tal proyecto y tal actividad, pero ese «algún día» nunca llega?

El método Make Time intenta que puedas bajar ese trepidante ritmo y que encuentres el tiempo para las cosas que realmente importan. Creemos que tú puedes sentirte menos estresado, estar menos distraído y disfrutar más del presente. Quizá esto suene un poco hippy, pero lo decimos en serio.

Make Time no es un método para ser más productivo. No trata de cómo realizar más tareas, de cómo terminarlas más rápido o de cómo externalizar tu vida. En lugar de eso, este método te ofrece un marco diseñado para ayudarte a *crear más tiempo a lo largo del día* para las cosas que te importan, ya sea pasar tiempo con tu familia, aprender un idioma, empezar un negocio paralelo, hacer voluntariado, escribir una novela o ser un experto en Mario Kart. Sea lo que sea para lo que quieras ganar tiempo, Make Time puede ayudarte a encontrarlo. Paso a paso y día a día, podrás tomar las riendas de tu vida.

Queremos empezar hablando de *por qué* estamos llevando una vida tan atareada y caótica. Y, si te sientes constantemente estresado y distraído, de por qué es probable que no sea por tu culpa.

En el siglo XXI, hay dos fuerzas muy poderosas que compiten para captar cada minuto de tu vida. La primera es la que llamamos el «club de los ajetreados»: nuestra cultura de estar continuamente ocupados —las bandejas de entrada desbordadas, las agendas repletas y las infinitas listas de tareas—. De acuerdo con la mentalidad del «club de los ajetreados», si quieres estar a la altura de todas las exigencias del mundo laboral y además funcionar en la sociedad actual, has de ser productivo cada minuto. Después de todo, los demás también están ocupados. Si bajas el ritmo, te quedarás fuera y nunca te pondrás al día.

La segunda fuerza que compite por tu tiempo es lo que llamamos las «piscinas infinitas»: las aplicaciones u otras fuentes de contenido que se realimentan sin cesar. Si se pueden actualizar, son «piscinas infinitas». Si siempre están disponibles, son «piscinas infinitas». Este tipo de entretenimiento siempre disponible, siempre nuevo, es tu premio por el agotamiento de estar ocupado constantemente.

Pero ¿es imprescindible estar ocupado de esta manera? La distracción sin fin ¿es *realmente* un premio? ¿O será que estamos todos atascados con el piloto automático?

La mayor parte del tiempo estamos en modo predeterminado

Las dos fuerzas —el «club de los ajetreados» y las «piscinas infinitas»— son muy poderosas porque se han convertido en nuestros estados *predeterminados*. En la jerga tecnológica, «predeterminado» es cómo funciona una cosa cuando la usas por vez primera. Es una opción preseleccionada y, si no haces nada para cambiarla, te quedas con esa opción. Por ejemplo, si compras un teléfono nuevo, tienes las aplicaciones del correo electrónico y del navegador predeterminadas en la pantalla de inicio. Está predeterminado que recibas una notificación para cada mensaje nuevo. El móvil tiene un fondo de pantalla y un tono de llamada predeterminados. Apple o Google, o quien haya hecho tu teléfono, han preseleccionado esas opciones; puedes cambiar la configuración si quieres, pero ello requiere un esfuerzo, hay muchos ajustes que hacer, y al final lo dejas tal cual.

Hay ajustes predeterminados en casi todos los aspectos de nuestras vidas. No son solo nuestros dispositivos; nuestras oficinas y nuestra cultura tienen tantos valores predeterminados integrados que hacen que estar ocupado y distraído sea el estado normal y típico. Estas configuraciones estándar están *por todas partes*. Nunca nadie que ha visto su agenda vacía ha dicho: «¡La mejor manera de ocupar este tiempo es llenarlo de reuniones!». Nunca nadie ha dicho: «¡Hoy, lo más importante son los antojos de los demás!». Por supuesto que no. Sería de locos. Pero, por culpa de los ajustes predeterminados, eso es exactamente lo que hacemos. En la oficina, cada reunión suele durar, por defecto, entre treinta y sesenta minutos, aunque el tema que se vaya a tratar se pueda resolver en una rápida charla. Por defecto, otras personas escogen lo que ocupa nuestras agendas y, por defecto, se espera que estemos dispuestos a hacer reuniones consecutivas. El resto de nuestro trabajo es, por defecto, responder correos electrónicos y otros mensajes y, por defecto, comprobamos constantemente nuestras bandejas de entrada y respondemos inmediatamente a todos los mensajes.

Reacciona ante todo lo que tengas delante de ti. Responde. Llena tu tiempo, sé eficiente y termina más tareas. Estas son las reglas predeterminadas del «club de los ajetreados».

Pero, cuando conseguimos salir del «club de los ajetreados», las «piscinas infinitas» están allí, esperándonos tentadoras. Mientras que el «club de los ajetreados» nos da por defecto tareas infinitas, las «piscinas infinitas» nos dan por defecto distracciones sin fin. Nuestros móviles, ordenadores y televisores están repletos de juegos, de aplicaciones para medios sociales y de vídeos. Todo está a nuestro alcance, es algo irresistible, incluso adictivo. Cualquier posible bache se suaviza.

Actualiza el Facebook. Navega por YouTube. Mantente al día con las noticias de última hora, juega al Candy Crush, haz una maratón de HBO. Estos son los ajustes predeterminados que hay detrás de las voraces «piscinas infinitas», devorando cualquier resto de tiempo que nos haya dejado el «club de los ajetreados». Como las personas pasan, de media, más de cuatro horas al día con su teléfono móvil y otras cuatro horas mirando la televisión, distraerse es literalmente un trabajo a tiempo completo.

Y allí estás tú, justo en el medio: con el «club de los ajetreados» y las «piscinas infinitas» tirando de ti en direcciones opuestas. Pero ¿y qué hay de *ti*? ¿Qué esperas tú de tus días y de tu vida? ¿Qué pasaría si anularas estos ajustes predeterminados y crearas los tuyos propios?

No basta con la fuerza de voluntad. Ya hemos intentado resistirnos al canto de las sirenas, y sabemos lo imposible que puede resultar. Además, llevamos años trabajando en la industria tecnológica y sabemos muy bien que, con el tiempo, esas aplicaciones, esos juegos y esos dispositivos no harán más que desgastarte.

Tampoco basta con la productividad. Hemos intentado acortar el tiempo de nuestras tareas para añadir más tareas pendientes. El problema es que siempre hay más labores y peticiones esperando para hacerse un hueco. Cuanto más rápido haces rodar la rueda del hámster, más rápido va.

Pero *sí* hay una manera de liberar tu atención de esas distracciones que compiten entre ellas y recuperar el control de tu tiempo. Aquí es donde entra en escena el método Make Time: un marco para decidir en qué te quieres centrar, encontrar la energía para hacerlo y romper el ciclo predeterminado para que puedas empezar a vivir tu vida de una manera más deliberada. Aunque no puedas controlar por completo tu agenda —muy pocos lo conseguimos—, sí podrás controlar tu atención.

Queremos ayudarte a que encuentres tus propios ajustes predeterminados. Con nuevos hábitos y una nueva mentalidad, puedes dejar de reaccionar ante el mundo moderno y empezar a ganar tiempo activamente para dedicarlo a las personas y las actividades que más te importan. No se trata de ahorrar tiempo, sino de *ganar* tiempo para lo que te importa.

Las ideas que exponemos en este libro te permitirán hacer más espacio en tu agenda, en tu cerebro y en tu vida. Ese espacio aporta claridad y calma en tu día a día. Crea oportunidades para que empieces a practicar nuevas aficiones o para que inicies ese proyecto que querías hacer «algún día». Quizá algo de espacio en tu vida puede liberar aquella energía creativa que perdiste, o te permita descubrir la que nunca encontraste. Pero antes de empezar con todo eso, queremos explicarte quiénes somos, por qué estamos tan obsesionados con el tiempo y la energía y cómo se nos ocurrió el método Make Time.

Te presentamos a los frikis del tiempo

Somos Jake y JZ.[1] No somos multimillonarios constructores de cohetes como Elon Musk, ni chicos guapos del Renacimiento como Tim Ferris, ni genios ejecutivos como Sheryl Sandberg. La mayoría de los consejos sobre la gestión del tiempo están escritos por superhombres, o hablan de ellos, pero no encontrarás «superhumanidad» en estas páginas. Somos seres humanos normales y falibles que nos estresamos y nos distraemos como cualquier mortal.

Lo que hace que nuestra perspectiva sea inusual es que somos diseñadores de producto que hemos trabajado en la industria tecnológica durante años desarrollando servicios como Gmail, YouTube y Google Hangouts. Como diseñadores, nuestro trabajo consistía en convertir ideas abstractas —como «¿No estaría bien que el correo electrónico se categorizase a sí mismo?»— en soluciones para la vida real —como la bandeja de Prioritarios—. Tuvimos que entender cómo la tecnología entra en nuestra vida diaria y cómo la cambia. Gracias a esta experiencia entendemos por qué las «piscinas infinitas» son tan cautivadoras, y sabemos cómo evitar que nos absorban.

---

1   En este libro, «JZ» es para John Zeratsky. Que no se confunda con el músico y magnate empresarial Jay-Z. Intenta no decepcionarte demasiado.

Unos años atrás, nos dimos cuenta de que podíamos aplicar el diseño a algo invisible: cómo empleamos el tiempo. Pero, en lugar de empezar desarrollando una tecnología o una oportunidad de negocio, empezamos con los proyectos y las personas más importantes de nuestras vidas.

Cada día intentábamos dejar un poco de tiempo para nuestra prioridad personal más importante. Cuestionábamos los ajustes predeterminados del «club de los ajetreados» y rediseñábamos nuestras listas de tareas y agendas. Cuestionábamos los predeterminados de las «piscinas infinitas» y rediseñábamos cómo y cuándo usar la tecnología. No tenemos una fuerza de voluntad ilimitada; así que, cada vez que rediseñábamos algo, debía ser fácil de usar. No podíamos borrar cada obligación, y por eso trabajábamos con restricciones. Experimentábamos, nos equivocábamos y lo conseguíamos; y, con el tiempo, aprendimos.

En este libro, compartiremos contigo los principios y las tácticas que hemos descubierto, junto con muchas historietas de nuestros errores humanos y de nuestras soluciones frikis. Creemos que esta es una buena manera de comenzar:

 La historia de fondo, Parte 1: el iPhone sin distracciones

Jake

Era 2012, y mis dos hijos estaban jugando con un tren de madera en el salón. Luke (edad: 8 años) estaba montando el tren diligentemente mientras Flynn (edad: bebé) babeaba encima de una locomotora. De repente, Luke levanta la cabeza y me dice:

Papá, ¿por qué estás mirando el móvil?

Él no pretendía hacerme sentir mal con esta pregunta; solo tenía curiosidad. Pero yo no tenía una buena respuesta. A ver, seguro que había *cualquier* excusa para comprobar mi correo electrónico en aquel momento, pero seguro que no era convincente. Me pasaba el día esperando el momento de pasar un rato con mis hijos y, ahora que por fin estaba pasando un rato con ellos, en realidad no estaba con ellos.

En este instante, algo hizo clic. No se trataba solamente de haber sucumbido a un momento de distracción, me di cuenta de que tenía un problema más grande.

Me di cuenta de que, durante todo el día, estaba *reaccionando*: a mi agenda, a los correos electrónicos entrantes, al flujo infinito de novedades en internet. Los momentos con mi familia pasaban de largo, y ¿para qué? ¿Para que pudiera responder a un mensaje más o tachar otra tarea?

Darme cuenta fue frustrante porque ya estaba intentando encontrar un equilibrio. Cuando Luke nació, en 2003, me embarqué en la misión de ser más productivo en el trabajo para así tener más tiempo de calidad en casa.

En 2012 ya me consideraba un maestro de la productividad y la eficiencia. Conseguí hacer horarios razonables y, cada día, llegaba a casa a la hora de cenar. Así era como veía el equilibrio trabajo/vida privada, o eso me parecía.

Pero, si así era, ¿por qué mi hijo de 8 años tenía que llamarme cuando estaba distraído? Si lo tenía todo bajo control en el trabajo, ¿por qué siempre me sentía tan ocupado y disperso? Si empezaba la mañana con doscientos correos electrónicos y terminaba a medianoche con cero, ¿era eso un día bueno?

Entonces me di cuenta: ser productivo no significaba que estaba haciendo el trabajo más importante; solo significaba que estaba reaccionando a las prioridades de los demás con más rapidez.

Como consecuencia de estar constantemente conectado, no pasaba el tiempo suficiente con mis hijos. Además, estaba posponiendo perpetuamente mi gran objetivo de escribir «algún día» un libro. De hecho, durante años había procrastinado sin apenas llegar a completar una página. Había estado demasiado ocupado intentando mantenerme a flote en un mar de correos electrónicos de otras personas, de actualizaciones de estados de otras personas y de fotografías de la comida de otras personas.

No es que estuviera decepcionado conmigo mismo. Estaba muy enfadado. En un ataque de ira, agarré mi móvil y desinstalé Twitter, Facebook e Instagram. Cada vez que un icono desaparecía de la pantalla, me sacaba un peso de encima.

A continuación, miré la aplicación de Gmail y apreté los dientes. En aquella época trabajaba en Google y había dedicado muchos años al equipo de Gmail. Adoraba Gmail. Pero sabía muy bien qué debía hacer. Todavía me acuerdo del mensaje que saltó a la pantalla preguntándome, casi incrédulo, si estaba seguro de querer desinstalar la aplicación. Tragué saliva y presioné «Desinstalar».

Sin esas aplicaciones, creía que estaría ansioso y que me sentiría aislado. Y unos días después, sí noté un cambio. Pero no estaba estresado; me sentía aliviado. Me sentía libre.

Dejé de ir a buscar mi iPhone como un reflejo al mínimo instante en que me aburría. El tiempo con mis hijos se ralentizaba, pero de una manera positiva. ¡Caramba! Si el iPhone no me hacía feliz, ¿qué hay de todo lo demás?

Adoraba mi iPhone y todos los poderes futuristas que me otorgaba. Pero también había aceptado todos los ajustes predeterminados que venían con esos poderes, y que me dejaban constantemente atado al dispositivo luminoso de mi bolsillo. Empecé a preguntarme cuántas partes más de mi vida tenía que reexaminar, reiniciar y rediseñar. ¿Cuántos ajustes predeterminados estaba aceptando a ciegas y cómo podía tomar el control?

Poco después del experimento con mi iPhone acepté otro trabajo. Seguía siendo en Google, solo que ahora trabajaba en Google Ventures, una empresa de capital de riesgo que invertía dinero en empresas emergentes exteriores.

El primer día allí conocí a un tipo llamado John Zeratsky.

¡Buenas!

Un placer conocerte.

Al principio me daba algo de rabia. John es más joven y —seamos sinceros— más guapo que yo. Pero lo peor era su calma constante. John nunca estaba estresado. Terminaba el trabajo importante antes de tiempo y todavía encontraba tiempo para proyectos complementarios. Se levantaba temprano, salía del trabajo temprano, regresaba a casa temprano. Siempre con una sonrisa. Pero ¿cómo demonios lo hacía?

Bueno, terminé teniendo una buena relación con John, o JZ, como yo le llamo. Enseguida me di cuenta de que éramos almas gemelas —mi hermanastro, si quieres llamarlo así—.

Como yo, JZ estaba desilusionado con el «club de los ajetreados». Los dos amábamos la tecnología y habíamos estado años diseñando servicios tecnológicos —mientras yo estaba en Gmail, él estaba en YouTube—. Pero ambos empezábamos a comprender el coste de esas «piscinas infinitas» para nuestra atención y nuestro tiempo.

Y, como yo, JZ se había propuesto poner remedio a ello. Era como un Obi-Wan Kenobi cuando se trataba de sus cosas, pero, en lugar de una túnica, vestía camisas de cuadros y tejanos; y, en lugar de la fuerza, le interesaba lo que él llamaba «el sistema». Era casi místico. Él no sabía exactamente qué era, pero creía que existía: un método sencillo para evitar las distracciones, mantener la energía y ganar tiempo.

Lo sé; a mí también me parecía raro. Pero, cuanto más hablaba de cómo sería este sistema, más me veía a mí mismo asintiendo con la cabeza. JZ estaba *muy* metido en la historia antigua de la humanidad y en la psicología evolutiva, y creía que parte del problema radicaba en la enorme desconexión entre nuestras raíces de cazador-recolector y este mundo moderno loco. Miraba desde la óptica de un diseñador de producto y supuso que este «sistema» solo funcionaría si cambiaba nuestros ajustes predeterminados, haciendo que fuera más difícil acceder a las distracciones, en lugar de depender de la fuerza de voluntad para luchar constantemente contra ellas.

Bien, qué caray, me dije. Si *pudiéramos* crear ese sistema, sería exactamente lo que yo estaba buscando. Así que formé equipo con JZ y empezó la cruzada.

La historia de fondo, Parte 2: la cruzada friki para llegar a Make Time

JZ

El iPhone sin distracciones de Jake era un poco extremo, y debo admitir que no lo probé enseguida. Pero, cuando lo hice, me encantó. Así que los dos empezamos a buscar otros rediseños (maneras de cambiar nuestro ajuste predeterminado de «distraído» a «centrado»).

Empecé leyendo las noticias solo una vez por semana y reprogramé mis horarios de sueño para levantarme temprano. Experimenté comiendo seis comidas ligeras al día, y luego intenté comer solo dos comidas contundentes. Adopté distintos métodos de ejercicio: desde correr largas distancias hasta practicar yoga y hacer flexiones a diario. Incluso persuadí a mis amigos programadores a que desarrollaran una aplicación personalizada para mi lista de tareas. Mientras, Jake pasó un año entero haciendo un seguimiento de sus niveles de energía a lo largo del día en una hoja de cálculo, intentando saber si debía beber café o té verde, si debía hacer ejercicio durante la mañana o al atardecer, e incluso si le gustaba pasar el rato con la gente (la respuesta: sí... casi siempre).

Aprendimos mucho de este comportamiento obsesivo. Pero buscábamos algo más que solo lo que funcionaba *para nosotros*; todavía creíamos en la idea de un sistema que cualquier persona pudiera personalizar según su estilo de vida. Para llegar a ello, necesitaríamos más sujetos humanos para hacer pruebas aparte de nosotros mismos, y quiso la suerte que tuviéramos el laboratorio perfecto.

Mientras estaba en Google, Jake creó lo que él mismo llamó un «esprint de diseño»: básicamente una semana laboral completamente rediseñada. Durante cinco días, un equipo cancelaría todas sus reuniones y se centraría en resolver un único problema, siguiendo una lista específica de actividades. Fue nuestro primer intento de diseñar *el tiempo* en lugar de productos, y funcionó —el «esprint de diseño» enseguida se extendió por todo Google.

En 2012, empezamos a trabajar juntos para crear esprints de diseño con empresas emergentes de la cartera de Google Ventures. Durante los años siguientes, realizamos más de 150 de esos esprints de cinco días. Participaron casi mil personas: programadores, nutricionistas, CEOs, camareros, agricultores y demás.

Para un par de frikis del tiempo, todo eso era una oportunidad magnífica. Tuvimos la suerte de poder rediseñar la semana laboral y aprender de cientos de equipos de alto nivel en empresas emergentes como Slack, Uber y 23andMe. Muchos de los principios de este método se inspiraron en lo que descubrimos en esos esprints.

Cuatro lecciones del laboratorio de esprints de diseño

Lo primero que aprendimos es que **algo mágico sucede cuando empiezas el día con un objetivo de alta prioridad**. Cada día de esprint, centramos la atención en un único punto focal: el lunes, el equipo crea un esquema del problema; el martes, cada persona traza una solución; el miércoles, deciden qué soluciones son las mejores; el jueves, desarrollan un prototipo; y el viernes, lo prueban. El objetivo de cada día es ambicioso, pero es una sola cosa.

Este punto focal crea claridad y motivación. Cuando tienes un objetivo ambicioso pero realizable, al final del día has *terminado*. Puedes tacharlo, dejar atrás el trabajo y regresar a casa satisfecho.

Otra lección que aprendimos de los esprints de diseño es que **conseguíamos realizar más cosas cuando prohibíamos los dispositivos**. Desde que instauramos las reglas, pudimos prohibir portátiles y móviles, y la diferencia era fenomenal. Sin la tentación constante del correo electrónico y otras «piscinas infinitas», las personas focalizaban toda su atención en la tarea que tenían entre manos, y pasaron de los predeterminados a la concentración.

También descubrimos **la importancia de la energía para el trabajo concentrado y el pensamiento claro**. Cuando empezamos a realizar esprints, los equipos trabajaban muchas horas y conseguían energía a base de tentempiés con azúcar. Al final de la semana, la energía caía en picado. Hicimos ajustes, y nos dimos cuenta de que cosas como una comida sana, un paseo rápido, pausas frecuentes y una jornada laboral ligeramente reducida ayudaban a mantener los niveles de energía altos, lo que resultaba en un trabajo mejor y más eficiente.

Por último, estos experimentos nos enseñaron el poder de, precisamente, los experimentos. **Experimentar nos permitió mejorar el proceso**, y ver los resultados de nuestros cambios de primera mano nos proporcionó grandes dosis de confianza que nunca habríamos tenido viendo solamente los resultados de otra persona.

Nuestros esprints requerían el trabajo de todo un equipo durante toda una semana, pero pudimos ver que no había ninguna razón para que las personas no pudieran rediseñar sus días de manera similar. Las lecciones que aprendimos asentaron las bases de este método.

Por supuesto, no fue un camino de rosas llegar hasta la perfección. Todavía nos vimos empujados a volver al «club de los ajetreados» y fuimos engullidos por las «piscinas infinitas» de la distracción una y otra vez. A pesar de que algunas de nuestras tácticas se convirtieron en hábitos, otras fueron un fracaso rotundo. Pero recopilar resultados a diario nos ayudó a entender *por qué* habíamos tropezado. Ese enfoque experimental nos permitió, a la vez, ser más comprensivos con nosotros mismos cuando nos equivocábamos —después de todo, cada error era un dato más, y siempre podíamos volver a intentarlo al día siguiente—. A pesar de los traspiés, Make Time aguantó. Nos vimos a nosotros mismos con la energía y el espacio mental que nunca habíamos tenido, y éramos capaces de embarcarnos en proyectos mayores: los del tipo que «algún día» harás pero que nunca llegas a realizarlos.

Estábamos tan contentos con nuestros resultados que empezamos a hacer un blog con las técnicas de Make Time que nos habían funcionado. Cientos de miles de personas leyeron las entradas, y muchos de esos lectores nos escribieron. Por supuesto, algunos de ellos querían comentarnos que éramos unos imbéciles creídos, pero la gran mayoría de las opiniones fueron inspiradoras y fantásticas. La gente experimentó cambios drásticos con tácticas como la de eliminar aplicaciones de sus móviles o la de priorizar una tarea al día. Encontraban una energía renovada y se sentían más felices. Esos experimentos funcionaron para mucha gente, ¡no solo para nosotros! Un lector nos dijo: «Parece extraño que el cambio fuera tan fácil».

Realmente, así es: recuperar el tiempo y la atención puede ser extrañamente fácil. Como descubrió Jake con su iPhone libre de distracciones: los cambios no requieren grandes dosis de disciplina. Al contrario, el cambio llega de redefinir los ajustes predeterminados, crear barreras y empezar a diseñar de qué manera quieres emplear tu tiempo. Una vez que empieces a usar las técnicas de este método, esos pequeños cambios positivos se van autorreafirmando. Cuanto más las pruebes, más aprenderás de ti mismo y más mejorará el sistema.

Make Time no es antitecnología; los dos somos nerdos de la tecnología. No te pediremos que te desconectes del todo o que te hagas ermitaño. Todavía puedes seguir a tus amigos en Instagram, leer las noticias y enviar correos electrónicos como cualquier persona moderna. Pero solo si te cuestionas los comportamientos estándar de nuestro mundo, obsesionado por la eficiencia y saturado de distracciones, puedes aprovecharte de lo mejor de la tecnología *y* volver a tomar el control. Y una vez que tomas el control, puedes cambiar las reglas del juego.

Jake

Quería empezar a escribir durante la noche, pero me di cuenta de que la tentación de la televisión era un gran problema. Así pues, experimenté e hice un cambio muy serio en mis ajustes predeterminados: guardar el reproductor de DVD en el armario y cancelar mi suscripción en Netflix. Con el tiempo libre que me quedó empecé a trabajar en una novela de aventuras y continué escribiendo, y solo la interrumpí para escribir nuestro libro *Sprint*. Desde pequeño, escribir siempre había sido algo que quería hacer, y buscar el tiempo para hacerlo me pareció fantástico.

JZ

Durante años, mi esposa, Michelle, y yo soñamos con navegar juntos. Compramos un barco viejo y empezamos a arreglarlo los fines de semana. Aplicamos la misma táctica de escoger una tarea al día y ganar tiempo en nuestras agendas para realizarla, y como resultado buscamos tiempo para aprender de motores diésel, electricidad y navegación marítima. Juntos hemos navegado desde San Francisco al sur de California, México e incluso más allá.

CÓMO FUNCIONA MAKE TIME

Make Time consta solo de cuatro pasos, que se repiten a diario

Los cuatro pasos diarios de Make Time se basan en lo que aprendimos de los esprints de diseño, de nuestros propios experimentos y de los lectores que probaron el sistema y compartieron sus resultados. Ahí va el esquema, a grandes trazos, de cómo es cada día:

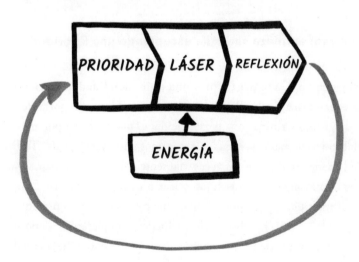

El primer paso es escoger una única **prioridad** (*highlight*) como plato fuerte del día. A continuación, emplearás tácticas específicas para mantenerte **enfocado como un láser** (*laser*) en esta prioridad —te ofreceremos un menú de trucos para vencer las distracciones en un mundo continuamente conectado—. A lo largo del día, acumularás **energía** (*energize*) para que puedas controlar tu tiempo y tu atención. Finalmente, **reflexionarás** (*reflect*) acerca del día tomando unas cuantas notas muy simples.

Veamos los cuatro pasos con más detalle:

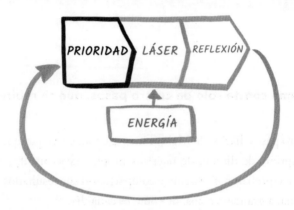

Prioridad: empieza cada día escogiendo una Prioridad

El primer paso del método Make Time es decidir *para qué* quieres ganar tiempo. Cada día elegirás **una única actividad que priorizar y proteger en tu agenda**. Puede tratarse de un objetivo importante en el trabajo, como terminar una presentación. O puedes optar por algo personal, como preparar la cena o plantar unas flores en el jardín. Tu Prioridad puede ser algo que no necesariamente *debes* hacer, sino que *quieres* hacer, como jugar con tus hijos o leer un libro. Tu Prioridad puede incluir múltiples pasos; por ejemplo, que para terminar la presentación tengas que escribir las observaciones finales, completar las diapositivas y hacer un ensayo de la presentación. Si te pones como meta «finalizar la presentación» como tu Prioridad, te comprometes a completar todas las tareas que se requieren.

Por supuesto, la Prioridad no es la única cosa que harás durante el día; pero será tu actividad más importante. Cuando te preguntas «¿Hoy cuál será mi Prioridad?», te aseguras de que vas a emplear el tiempo con las cosas que son importantes *para ti*, y de que no perderás el día entero reaccionando a las prioridades de los demás. Cuando eliges una Prioridad, te pones a ti mismo en un estado mental positivo y proactivo.

Para ayudarte a hacerlo, compartiremos contigo nuestras tácticas preferidas a la hora de escoger una Prioridad y de ganar tiempo para completarla. Pero esto solo no es suficiente. También necesitarás replantearte cómo reaccionas ante las distracciones que se interponen en tu camino, y precisamente sobre esto trata el siguiente paso:

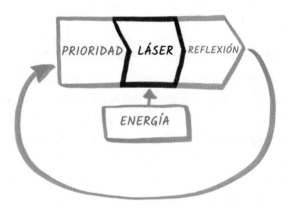

Láser: vence las distracciones y gana tiempo para tu Prioridad

Distracciones como el correo electrónico, las redes sociales y las noticias de última hora están por todos lados, y nunca desaparecen. No puedes vivir en una cueva, tirar tus gadgets y renunciar a la tecnología por completo. Pero puedes rediseñar cómo *usas* la tecnología para detener el ciclo de reacción.

Te enseñaremos cómo **ajustar la tecnología para llegar al modo «láser»**. Cambios tan sencillos como cerrar la sesión de las aplicaciones de redes sociales o poner un horario para comprobar tu correo electrónico pueden tener un efecto enorme. Te mostraremos tácticas específicas para ayudarte a concentrarte.

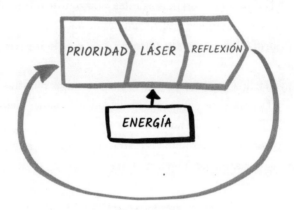

Energía: usa el cuerpo para recargar el cerebro

Para concentrarte y ganar tiempo para lo que importa, tu cerebro necesita energía, y esta energía se consigue cuidando tu cuerpo.

Por esta razón, el tercer componente de Make Time es **recargar tu batería con tiempo dedicado al ejercicio, la comida, el sueño, la tranquilidad y el cara a cara**. Es más fácil de lo que parece. Los ajustes predeterminados del estilo de vida del siglo XXI ignoran nuestra historia evolutiva y nos roban la energía. Pero tenemos buenas noticias: como las cosas están tan mal, hay un montón de arreglos fáciles.

Esta sección incluye muchas tácticas a elegir, como por ejemplo escaparte para hacer una siesta, ser más condescendiente contigo mismo a la hora de hacer ejercicio y aprender a usar la cafeína estratégicamente. No te pediremos que te obsesiones por estar en forma o que empieces una dieta extravagante. Al contrario, te mostraremos cambios simples que podrás aplicar para conseguir la recompensa inmediata de tener suficiente energía para las cosas que quieres hacer.

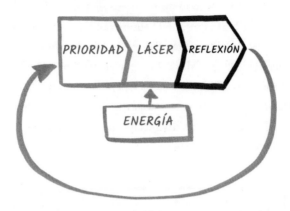

Reflexión: ajusta y mejora tu sistema

Para finalizar, antes de irte a la cama, **tomarás unas notas**. Es muy simple: decidirás con qué tácticas quieres continuar y qué tácticas quieres pulir o abandonar.[2] También pensarás en tus niveles de energía, si sacaste tiempo para tu Prioridad y qué te hizo sentir bien durante el día.

Con el tiempo, irás construyendo un sistema diario personalizado específicamente para tus hábitos y rutinas únicos, tu cerebro y cuerpo únicos y tus objetivos y prioridades únicos.

Las tácticas de Make Time: escoge, prueba, repite

Este libro incluye decenas de tácticas para poner en práctica el método Make Time. Algunas tácticas te funcionarán, pero otras no —y algunas incluso te parecerán un poco locas—. Es como un libro de cocina. De la misma forma que no probarías cocinar todas las recetas a la vez, tampoco tienes que aplicar todas las tácticas a la vez.

Al contrario, escogerás, probarás y repetirás. Mientras lees, puedes tomar nota de las tácticas que quieres intentar aplicar. Dobla la esquina

---

2   O, en las palabras inmortales de Rob Base y DJ Easy Rock: «Quítalo del estante. Si es estrafalario, ponlo otra vez».

de la página o haz un listado en un trozo de papel. Busca las tácticas que sean más factibles pero que te supongan un pequeño reto y, especialmente, busca aquellas que te parezcan más divertidas.

El primer día que uses Make Time, te aconsejamos que pruebes una táctica de cada paso. Es decir, una táctica para ayudarte a ganar tiempo para tu Prioridad, una que te mantenga concentrado cambiando la forma en que reaccionas a las distracciones, y otra para conseguir energía —tres tácticas en total—.

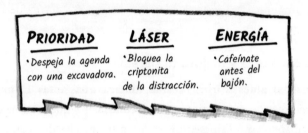

PRIORIDAD
· Despeja la agenda con una excavadora.

LÁSER
· Bloquea la criptonita de la distracción.

ENERGÍA
· Cafeínate antes del bajón.

No tienes por qué intentar algo nuevo cada día. Si lo que haces funciona, ¡mantenlo! Pero, si crees que no funciona o crees que podría funcionar mejor, piensa que cada día es una oportunidad para experimentar. Tu versión del sistema Make Time será completamente personalizada y, como la habrás creado tú mismo, confiarás en ella y conseguirás que se ajuste a tu estilo de vida.

No buscamos la perfección

Mientras desarrollábamos Make Time, nos sumergimos en un sinfín de libros, blogs, revistas y estudios científicos. Mucho de lo que leíamos era intimidatorio. Nos encontramos frente a cientos de vidas brillantes, perfectas: el ejecutivo que se organiza sin esfuerzo, el yogui *mindful* iluminado, el escritor con un procedimiento perfecto, el anfitrión alegre que saltea unas verduras con una mano mientras carameliza unas *crème brûlées* con una antorcha con la otra.

Es estresante, ¿verdad? Ninguno de nosotros puede ser el comensal perfecto, puede ser perfectamente productivo o *mindful*, o puede estar perfectamente tranquilo todo el tiempo. No podemos realizar las cincuenta y siete cosas que los blogueros nos dicen que deberíamos hacer antes de las cinco de la tarde. Aunque pudiéramos, *no deberíamos*. La perfección es una distracción —otro objeto brillante que aleja nuestra atención de las prioridades verdaderas—.

Queremos que te olvides de la idea de la perfección mientras utilices nuestro método. Que no se te ocurra hacerlo perfectamente —¡la perfección no existe!—. Pero además tampoco hay forma de meter la pata. Y no tendrás que empezar otra vez por el principio si descarrilas, porque cada día es una página en blanco.

Recuerda que ninguno de nosotros usamos todas las tácticas de este libro todo el tiempo. Aplicamos algunas tácticas cada día, otras algunas veces, y algunas otras no usamos *ninguna* táctica. Hay cosas que a JZ le funcionan y que a Jake no, y viceversa. Cada uno tenemos nuestra propia fórmula imperfecta, y esta fórmula puede variar dependiendo de lo que esté pasando a nuestro alrededor. Cuando Jake está viajando, instala temporalmente una aplicación de correo electrónico en su móvil, y se sabe que JZ, de vez en cuando, hace maratones de Netflix —¡*Stranger Things* es fantástica!—. El objetivo no son los votos monásticos, sino un conjunto de hábitos factibles y flexibles.

La mentalidad del «a diario»

Si te lees este libro de cabo a rabo, te parecerá que hay demasiado por hacer. Qué diantre, incluso si te vas saltando partes —cosa que aconsejamos—, todavía puede parecerte demasiado por hacer. Así pues, en lugar de concebir estas tácticas como «más cosas que deberías hacer», piensa en maneras de integrarlas en tu vida normal. Esta es la razón por la cual te proponemos, por ejemplo, ir caminando hacia el trabajo y hacer ejercicio en casa, en lugar de pagar una cuota cara en un gimnasio o una clase de entrenamiento de una hora cada mañana.

Las mejores tácticas son las que se ajustan a tu día. No son algo que te fuerces a hacer, son simplemente cosas que haces. Y en muchos casos serán cosas que *querrás* hacer.

Estamos seguros de que Make Time te ayudará a crear espacio en tu vida para las cosas que más te importan. Y una vez que empieces, te darás cuenta de que el método es autorreafirmante. Puedes empezar por un pequeño cambio. Los resultados positivos te irán reconfortando con el tiempo, y serás capaz de embarcarte en objetivos más y más grandes. Y, aunque ya seas un maestro de la eficiencia, puedes usar Make Time para identificar las cosas que funcionan y sentirte satisfecho por aplicarlas.

No podemos evitar que tengas que ir a reuniones improductivas, ni tampoco podemos hacer que tu bandeja de entrada se ponga a cero por arte de magia, y no intentaremos convertirte en un maestro zen. Pero podemos ayudarte a que reduzcas un poco la velocidad, a que disminuyas el ruido de la vida moderna y a que encuentres la alegría cada día.

Prioridad

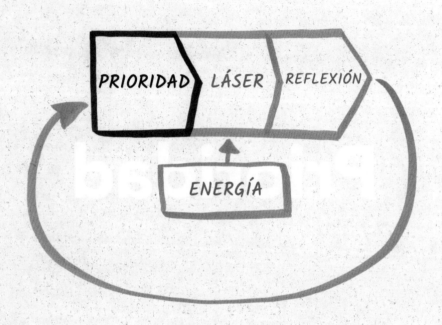

PRIORIDAD LÁSER REFLEXIÓN

ENERGÍA

No recordamos los días,
recordamos los momentos.

—CESARE PAVESE

Si quieres ganar tiempo para lo que importa de verdad, el «club de los ajetreados» te dirá que la respuesta está en hacer *más*. Terminar más tareas. Ser más eficiente. Establecer más objetivos y hacer más planes. Es la única manera de integrar esos momentos importantes en tu vida. Nosotros no estamos de acuerdo. Hacer más cosas no te ayuda a obtener tiempo para lo que importa; solo consigue que te sientas todavía más exhausto y ocupado. Y, cuando estás ocupado un día tras otro, el tiempo pasa por tu lado de una forma confusa.

Este capítulo trata sobre cómo eliminar la confusión, reducir la velocidad y experimentar los momentos que quieres disfrutar y recordar, en lugar de ir rápido para llegar a la siguiente tarea marcada en tu lista. Esta idea es bastante simple, pero nos costó mucho llegar a ella, perdiendo semanas y meses de nuestras vidas a merced del remolino que forzaban nuestras repletas agendas.

Los meses perdidos

JZ

Fue a principios de 2008 el comienzo de uno de los inviernos con más nieve de la historia de Chicago. Los días eran cortos. Las calles eran un desastre. Ir al trabajo era una batalla contra los elementos. Y un día me levanté con una idea que me paralizó: no podía recordar los dos meses anteriores.

No os asustéis. No tenía ningún problema médico, y no estaba inconscientemente enredado en una trama de la CIA al estilo de Jason Bourne. Pero era serio. Los meses habían desaparecido; así de simple, sin textura ni terreno ni huellas que marcaran el paso del tiempo.

Y yo *quería* recordar todo ese tiempo, porque las cosas me iban bien. Tenía un buen trabajo, una novia encantadora y amigos que vivían cerca. Alguien que no me conociera habría visto mi vida y habría dicho: «Este chico tiene todo lo que siempre ha soñado». Así pues, ¿por qué me sentía tan desconectado de la realidad de mi vida de ensueño?

No sabía qué iba mal, pero estaba dispuesto a descubrirlo. Y empecé, cómo no, a experimentar.

Empecé por ser productivo. Creía que, si ponía más cosas en un día, tendría más para recordar. Un par de años atrás, mientras trabajaba en una empresa emergente tecnológica con un ritmo trepidante, me obsesioné con aprovechar cada hora al máximo. Mi trabajo estaba perfectamente planeado y organizado; procesaba y ponía a cero mi bandeja de entrada a diario; incluso llevaba siempre encima una libreta para capturar cualquier pensamiento o idea espontáneos. ¡No perdía ni un instante!

Era algo que funcionaba bastante bien en la oficina, así que me pregunté si esos trucos para la productividad también me ayudarían a aprovechar el tiempo al máximo en casa. Empecé a ver mi vida como un problema que debía arreglar con listas de tareas por categorías, una agenda rígida y un absurdo sistema para terminar tareas.

No funcionó. Estaba tan centrado en las pequeñas tareas que los días se pasaban volando, todavía más rápido que antes. La borrosidad iba en aumento. Era un fastidio.

Decidí revisar mi enfoque. En lugar de gestionar los minutos con obsesión, me centré en el largo plazo. Creé listas con objetivos a un año vista, tres años, cinco años y diez años, y pregunté a mi chica que las revisara y las discutiéramos juntos —al año siguiente se casó conmigo, seguramente tenía, como mínimo, *un* objetivo en común conmigo—.

Establecer metas parecía tener más sentido que optimizar mi lista de tareas, pero todavía me sentía perdido —eran objetivos demasiado lejanos en el tiempo como para motivarme—. Y había otros problemas: ¿qué pasaba si mis prioridades cambiaban? De repente me di cuenta de que estaba trabajando hacia una meta que ya no me importaba. Y que estaba viviendo una vida de «algún día lo haré» que me desmoralizaba. En palabras del autor James Clear, esencialmente estaba diciendo: «Todavía no lo hago bien, pero lo haré cuando alcance mi objetivo».

Mis experimentos no funcionaban. Estaba atrapado entre las minucias del día a día y los objetivos a largo plazo que me parecían demasiado lejanos. Además, los meses fríos de febrero y marzo no me ayudaban a levantar el espíritu. Pero con el tiempo el invierno terminó, la primavera se volvió verano, los pájaros empezaron a cantar y, casi por accidente, empecé a ver la solución que tanto había estado buscando.

Me di cuenta de que no necesitaba listas de tareas perfectamente planeadas u objetivos a largo plazo perfectamente elaborados. Al contrario, eran las actividades simples pero satisfactorias las que me ayudaban a eliminar la borrosidad del tiempo. Por ejemplo, organicé un encuentro entre amigos cada viernes para ir a comer a un restaurante. Toda la semana estaba esperando ese momento. Otros días, después del trabajo salía a correr alrededor de un lago. Y, cuando hacía buen tiempo, a veces salía temprano del trabajo, andaba hasta el muelle y me iba a navegar unas horas antes de la puesta de sol. Los días más largos y las noches ya más cálidas seguro que ayudaron —el verano llegó justo a tiempo para mí ese año—. Tuve la suerte de encontrar la manera de dar sentido a mis días y de reconocerlo como la solución a mi problema.

Los planes fuera de la oficina no fueron los únicos que me ayudaron a disipar la borrosidad. Después de ver lo que me ayudaba a ganar tiempo para esas actividades, también empecé a aplicarlo a mi trabajo intentando desarrollar actividades más significativas para mí. En lugar de tachar cuantas más tareas de la lista posibles, o de correr a vaciar mi bandeja de entrada antes de volver a casa, me centré en logros que eran satisfactorios e importantes para mí. Un día me encontré a mí mismo esperando hacer una presentación ante unos ejecutivos con una satisfacción similar a la que sentía cuando iba a comer con mis amigos, a correr junto al lago o a navegar al atardecer. Empecé a pensar menos en mi lista de tareas y más en los proyectos significativos, como organizar talleres de diseño y pasar un día arreglando errores de software con los ingenieros.

Por supuesto, mi vida no solo eran comidas con los amigos y metas alcanzadas en el trabajo. También tenía un montón de labores rutinarias por hacer, como responder correos electrónicos, limpiar nuestro apartamento y devolver los libros a la biblioteca a tiempo. E *hice* todo eso, pero mi atención no se dirigía directamente a esas tareas.

A medida que iba reflexionando acerca de los meses perdidos y sobre lo que me ayudó a disipar la borrosidad del tiempo, empecé a entender una cosa: me gustaba pensar en grandes retos y se me daba bien terminar tareas a cada hora, pero ninguna de esas dos cosas era realmente satisfactoria. Me sentía más feliz cuando podía agarrarme a algo en el presente —una porción de tiempo mayor que una tarea pequeña pero menor que un objetivo a cinco años—. Una actividad que pudiera planificar, que tuviera ganas de hacerla y que me hiciera sentir satisfecho cuando la terminara.

En otras palabras, tenía que asegurarme de que cada día tenía una prioridad.

Creemos que centrarse en estas actividades intermedias —en el espacio entre los objetivos y las tareas— es la clave para ralentizar, dar satisfacción a tu día a día y ayudarte a ganar tiempo. Las metas a largo plazo son útiles para orientarte en la dirección correcta, pero hacen que sea difícil disfrutar del tiempo que le dedicas a ellas. Y las tareas son necesarias para terminar lo que empezaste; pero sin un punto focal, se van diluyendo en una neblina confusa que se olvida fácilmente.

Muchos gurús de la autoayuda ofrecen propuestas para fijar metas, y muchos expertos en productividad han creado sistemas para terminar las tareas que empezamos, pero se olvidan de este espacio de en medio. Nosotros llamamos esta pieza que falta una Prioridad (*highlight*).

¿Cuál será tu Prioridad del día?

Queremos que empieces cada día pensando en qué quieres colocar el foco. Si al final del día alguien te pregunta «¿Qué ha sido lo mejor que te ha pasado hoy?», ¿cuál desearías que fuera tu respuesta? Cuando piensas en el día transcurrido, ¿con qué actividad, logro o momento quieres deleitarte? Esa es tu Prioridad.

La Prioridad no será lo único que harás cada día. Después de todo, la mayoría no podemos ignorar nuestras bandejas de entrada ni decir no a nuestros jefes. Pero escoger una Prioridad te da la oportunidad de ser proactivo a la hora de emplear tu tiempo, en lugar de dejar que la tecnología, los predeterminados de la oficina y otras personas administren tu agenda. Y aunque el «club de los ajetreados» te diga que debes intentar ser lo más productivo posible cada día, sabemos que es mejor que te centres en tus prioridades incluso si esto significa que no termines todas las tareas.

Tu Prioridad le da un punto focal a cada día. Las investigaciones demuestran que la manera como experimentas los días no está determinada principalmente por lo que te ha ocurrido. De hecho, tú creas tu propia realidad escogiendo *aquello en lo que vas a centrar tu atención.*[1] Te parecerá obvio, pero creemos que es muy importante: puedes diseñar tu tiempo escogiendo dónde quieres centrar tu atención. Y tu Prioridad diaria será el objetivo de esta atención.

Centrarte en una Prioridad al día detiene la lucha entre las distracciones de la «piscina infinita» y las obligaciones del «club de los ajetreados». Además, revela un tercer camino: ser consciente y estar concentrado en cómo empleas tu tiempo.

Tres maneras de elegir tu Prioridad

Escoger tu Prioridad empieza por preguntarte:

¿Qué quiero que sea mi Prioridad hoy?

Responder a esta pregunta no siempre es sencillo, especialmente si justo empezaste a usar el método Make Time. A menudo, tienes muchas

---

1   Si quieres un resumen fascinante de estas investigaciones y de cómo aplicarlas al trabajo y a la vida privada, puedes leer *Rapt*, de Winifred Gallagher. Es uno de los libros favoritos de JZ.

tareas importantes. Puede que haya una por la que estés especialmente entusiasmado («hacer el pastel de cumpleaños»), otra con una fecha límite inminente («terminar las diapositivas») o, incluso, una tarea fea que hace tiempo que arrastras («poner trampas para ratas en el garaje»).

Así pues, ¿cómo vas a elegirla? Nosotros usamos tres criterios para elegir la Prioridad.

Urgencia

La primera estrategia tiene que ver con la urgencia: **¿Qué es lo más urgente hoy?**

Seguramente alguna vez te hayas pasado horas con el correo electrónico y participando en reuniones y, al final del día, te das cuenta de que no has hecho la única cosa que *de verdad* tenías que hacer. Bueno, a nosotros sí que nos ha pasado. Muchas veces. Y, cuando eso ocurre, nos sentimos muy mal. ¡Oh, los remordimientos!

Si hay algo que hoy debes terminar sí o sí, que sea eso tu Prioridad. A menudo puedes encontrar prioridades urgentes en tu lista de tareas, en tu correo electrónico o en tu agenda; busca proyectos que estén condicionados por el tiempo, que sean importantes y que sean medianos —es decir, que no se hagan en diez minutos pero que tampoco necesites diez horas para realizarlos—.

Tu Prioridad urgente puede ser una de estas:

- Hacer un presupuesto y enviarlo al cliente que lo espera a finales de semana.
- Pedir propuestas de catering y recintos para un evento que estás organizando en el trabajo.
- Preparar la cena antes de que lleguen tus amigos.
- Ayudar a tu hija a terminar aquel proyecto que tiene que entregar mañana.
- Editar y compartir esas fotografías de las vacaciones que tu familia está deseando ver.

Satisfacción

La segunda estrategia para elegir la Prioridad se basa en pensar en tu satisfacción. **Al final del día, ¿qué Prioridad me dará más satisfacciones?** Mientras que la primera estrategia se centra en lo que se *debe* hacer, esta estrategia te anima a centrarte en lo que tú *quieres* hacer. Igualmente, puedes empezar por tu lista de tareas. Pero, en lugar de pensar en fechas y prioridades, míralo desde otro ángulo: piensa en el sentimiento de logro encerrado dentro de cada Prioridad potencial. Busca actividades que no sean urgentes. Al contrario, considera aquellos proyectos que has intentado hacer pero que nunca has encontrado el tiempo para hacerlos. Puede que tengas una habilidad singular que quieres practicar, o puede que tengas una idea que quieres desarrollar antes de compartirla con el mundo. Esos proyectos son muy vulnerables a ser procrastinados; ya que, aun siendo importantes, no están condicionados por el tiempo, y los posponemos con facilidad. Usa tu Prioridad para romper el ciclo del «algún día lo haré».

Te proponemos unos ejemplos de Prioridad satisfactoria:

- Terminar la propuesta para un nuevo proyecto por el que estás entusiasmado, y compartirlo con algunos compañeros de confianza.
- Buscar destinos para tus vacaciones en familia.
- Escribir 1.500 palabras del siguiente capítulo de tu novela.

Alegría

La tercera estrategia se basa en la alegría: **Cuando piense en el día de hoy, ¿qué me aportará más alegría?**

No hay que optimizar todas las horas ni hay que orquestarlas para conseguir la máxima eficiencia. Uno de los propósitos de Make Time es alejarte de la visión imposible de días perfectamente planeados, y guiarte hacia una vida más alegre y menos reactiva. Esto implica hacer algunas cosas solo por el placer de hacerlas.

Para otros, algunas de tus prioridades alegres serán pérdidas de tiempo: sentarte en casa leyendo un libro, encontrarte con un amigo para jugar con el *frisbee* en el parque o incluso hacer un rompecabezas. No para nosotros. Solo pierdes el tiempo cuando no lo empleas de forma intencionada.

Cualquier Prioridad puede proporcionarte alegría. Aquí te proponemos algunos ejemplos:

- Ir a la fiesta de inauguración de la nueva casa de tu amigo.
- Perfeccionar una canción nueva con la guitarra.
- Ir a comer con ese compañero tan gracioso.
- Llevar a tu hijo al parque.

Confía en tu intuición a la hora de elegir la mejor Prioridad

¿Qué estrategia deberías usar en un día cualquiera? Creemos que la mejor manera de escoger una Prioridad es confiar en tu intuición a la hora de decidir si para *hoy* es mejor una Prioridad urgente, una alegre o una satisfactoria.[2] Una regla que no falla es **escoger una Prioridad que te tome de sesenta a noventa minutos**. Si estás menos de sesenta minutos, puede que no tengas tiempo para llegar a concentrarte en la tarea; pero, después de noventa minutos de atención centrada en la tarea, la mayoría de la gente necesita un descanso. Así que entre sesenta y noventa minutos es el tiempo ideal. Es el tiempo suficiente para hacer algo con significado, y es una cantidad de tiempo razonable que podrás introducir en tu agenda. Con las tácticas de este capítulo y de todo el libro, estamos seguros de que conseguirás crear ese tiempo para tu Prioridad.

---

2 Por supuesto, si algo representa las *tres* categorías, ¡seguramente deberás convertirlo en tu Prioridad!

Al principio, escoger una Prioridad te parecerá extraño o difícil. Si esto te ocurre, no te preocupes; es perfectamente natural. Con el tiempo, aprenderás a hacerlo, y cada vez elegir te resultará más y más fácil. Recuerda, no hay forma de meter la pata. Y, como Make Time es un sistema diario, ante cualquier cosa que ocurra, siempre podrás cambiar tu enfoque y volver a intentarlo el día siguiente.

Por supuesto, tu Prioridad no tiene propiedades mágicas. Decidir dónde enfocar tu energía un día cualquiera no hará que se realice automáticamente. Pero tener la intención de hacerlo es un paso esencial hacia el objetivo de crear más tiempo en tu vida. Escoger una Prioridad permite centrarte en tus objetivos por defecto, así podrás emplear tiempo y energía en lo que importa realmente, no en reaccionar ante las distracciones y las peticiones de la vida moderna.

Jake

Nunca es tarde para escoger —o cambiar— tu Prioridad durante el día. Hace poco, tuve un día realmente malo. Por la mañana decidí que mi Prioridad era editar 100 páginas del manuscrito de *Make Time*. Pero durante todo el día estuve disperso por otras cosas: un problema de fontanería, un dolor de cabeza incesante o invitados de última hora. Por la tarde, me di cuenta de que podía cambiar mi Prioridad —y mi actitud—. Decidí olvidarme de editar el manuscrito y, en lugar de eso, me centré en disfrutar de la cena con mis amigos. Cuando tomé esa decisión el día dio un giro de 180 grados. Pude relajarme y gozar del día.

Después de perder aquellos meses de invierno de 2008, JZ no tenía ni gota de inspiración para llegar a la idea de la Prioridad. Pero la observación de que la satisfacción diaria se consigue con una Prioridad mediana en lugar de con tareas pequeñas u objetivos demasiado ambiciosos plantó la semilla que luego creció para convertirse en la filosofía que usamos para planear nuestros días.

Ahora ambos escogemos una Prioridad cada día,[3] y hemos ideado una serie de tácticas que nos ayudan a convertir intenciones en acciones. Algunas son cosas tan cotidianas como planear tu Prioridad (#1), y otras son ocasionales, como encadenar una Prioridad tras otra hasta conseguir una especie de esprint personal (#7).

La siguiente sección es una colección de tácticas para elegir una Prioridad y ganar tiempo para realizarla durante el día. A medida que leas las tácticas de las siguientes páginas, recuerda el mantra «escoge, prueba, repite». Toma nota de aquellas que te parezcan útiles, divertidas y que te supongan un pequeño reto. Si justo estás empezando con Make Time, céntrate en una táctica a la vez. Si funciona, conviértela en una rutina. Si necesitas ayuda para escoger y sacar el tiempo para la Prioridad, vuelve atrás y añade otra táctica que quieras probar. Ahora empecemos a priorizar la gente, los proyectos y el trabajo que más te importan.

---

3   Bueno, *casi* cada día. Recuerda, no pasa nada si te echan del club.

Escoge tu Prioridad

1. Anótala
2. Repítela (o rehace el ayer)
3. Clasifica tu vida
4. Reagrupa las pequeñas tareas
5. La «lista puede que»
6. La «lista de fogones»
7. Corre un esprint personal

1. Anótala

Sí, sabemos que parece obvio, pero hay algo especial, casi mágico, si anotas tus planes: es más probable que ocurran las cosas si las escribes. Si pretendes ganar tiempo para tu Prioridad, empieza anotándola. Haz que anotar tu Prioridad sea una rutina diaria y simple. Puedes hacerlo a cualquier hora, pero al anochecer —antes de irte a la cama— y por la mañana suelen ser los mejores momentos para la mayoría de las personas. A JZ le gusta pensar en su Prioridad del día siguiente mientras se relaja al anochecer. Yo, Jake, elijo mi Prioridad por la mañana, entre el desayuno y el trabajo.

PRIORIDAD

Buscar destinos para las vacaciones de verano.

¿Dónde deberías anotar tu Prioridad? Tienes muchísimas opciones. Hay aplicaciones para recordarte que la anotes a diario —puedes encontrar nuestras sugerencias en maketimebook.com—. Puedes ponerla en tu agenda como una tarea que ocupe todo el día. Puedes escribirla en un bloc de notas. Pero, si tuviéramos que escoger un método para anotar la Prioridad, elegiríamos el pósit. Son fáciles de obtener, y todavía más fáciles de usar, no requieren baterías ni actualizaciones de software.

Puedes anotar tu Prioridad y no mirarla más —o puedes pegarla en tu ordenador, tu móvil, tu nevera o tu escritorio, como un recordatorio sutil pero persistente de aquella única e importante tarea para la que hoy debes tener tiempo.

2. Repítela (o rehace el ayer)

¿No estás seguro de qué elegir como tu Prioridad? Igual que Bill Murray en la película *Atrapado en el tiempo*, puedes rehacer el ayer. Hay muchas razones por las que querrías repetir tu Prioridad:

- Si no conseguiste llevar a cabo la Prioridad, es probable que todavía sea importante. **Repítela para darte otra oportunidad.**
- Si empezaste tu Prioridad pero no la terminaste, o si tu Prioridad era parte de un proyecto mayor, hoy es el día perfecto para progresar o empezar un esprint personal (#7). **Repítela para tener más impulso.**
- Si estás comenzando a establecer una nueva tarea o habilidad, *necesitarás* la repetición para sentar las bases del comportamiento. **Repítela para crear hábito.**
- Si la Prioridad de ayer te aportó alegría o satisfacción, ¡no hay nada malo en volver a hacerla! **Repítela para seguir con la buena onda.**

No tienes por qué reinventarte cada día. Una vez que hayas identificado alguna cosa que sea importante para ti, centrarte en ella día tras día te ayudará a que se arraigue en tu vida, que crezca y que florezca. Suena cursi, pero es así.

3. Clasifica tu vida

Si te sientes atascado a la hora de escoger una Prioridad, o si tus prioridades en la vida están en conflicto, prueba esta receta para clasificar tus grandes prioridades:

Ingredientes
- 1 bolígrafo
- 1 trozo de papel (o la aplicación de notas de tu móvil)

1. Haz una lista de las cosas más importantes de tu vida

No nos referimos solo al trabajo. Esta lista puede incluir «amigos», «familia» o «educar a mis hijos»; puede incluir a tu pareja —o, si todavía estás buscándola, puedes añadir «Buscar pareja»—. Puedes poner tus aficiones («fútbol», «pintura») fuera del trabajo. Tus cosas más importantes pueden ser tan amplias como «trabajo», o tan específicas como «conseguir la promoción» o el «proyecto Apolo». Otras categorías que podrías considerar son la salud, las finanzas y el crecimiento personal.

- Incluye algo muy importante e intenta escoger un título de una o dos palabras —esto hace que la lista parezca más importante—.
- No priorices la lista todavía, solo escríbela.
- Anota de tres a diez cosas. Luego...

2. Escoge aquella única cosa que sea más importante

Esto es más fácil decirlo que hacerlo, ¡pero puedes hacerlo! Te mostramos unos trucos:

- Considera lo que tiene más significado para ti, no lo que es más urgente.
- Piensa en lo que requiere más esfuerzo o trabajo. Por ejemplo, hacer ejercicio puede ser muy importante, pero si ya tienes un hábito muy fuerte instaurado en tu rutina, querrás cambiar tu enfoque hacia algo distinto.
- Sigue tu corazón. Por ejemplo, puede que creas que deberías poner «trabajo» antes que «clases de violín»; pero en realidad querrías que el violín fuera tu prioridad principal. Pues, ¡adelante!
- No te preocupes demasiado —esta lista no está grabada en una piedra—. Siempre podrás hacer otra lista el próximo mes, semana, mañana o incluso esta tarde.
- Una vez que hayas elegido esa cosa que es más importante...

3. Escoge la segunda, la tercera, la cuarta y la quinta cosa más importante

4. Reescribe la lista por orden de prioridad

1. Saxofón
2. Familia
3. Trabajo
4. Viajes
5. Jardinería

5. Dibuja un círculo alrededor del número uno

Si quieres progresar con tu prioridad número uno, tendrás que hacer que se convierta en tu foco de atención cuando sea posible. Al dibujar el círculo potencias esa prioridad —hay algo simbólico cuando resaltas tu decisión—.

6. Usa esa lista para ayudarte a elegir prioridades

No pierdas de vista esa lista para recordarte a ti mismo la prioridad número uno —y para desempatar entre dos actividades cuando no estás seguro de en qué emplear tu tiempo—.

Jake

Compartiré un par de mis propias listas. La primera, de agosto de 2017:

1. Familia
2. Escribir *Make Time*
3. Escribir una novela
4. Consultoría y talleres

Un mes más tarde, en septiembre, volví a hacer la lista:

1. Escribir *Make Time*
2. Familia
3. Consultoría y talleres
4. Escribir una novela

Sí, puse mi familia en segundo lugar. ¡Qué cretino! Pero sabía que tenía que pisar el acelerador con *Make Time* para terminar el manuscrito antes de que JZ se marchara a navegar un largo periodo en octubre. Y mi familia estaba perfectamente bien —mis hijos estaban en la escuela después de un verano lleno de proyectos y viajes, y teníamos buenos hábitos para pasar tiempo juntos—. Poner a la familia en segundo lugar no quería decir que los iba a ignorar; solo significaba ser honesto conmigo mismo acerca de dónde debía centrar mi atención.

4. Reagrupa las pequeñas tareas

Puede resultar difícil concentrarte en tu Prioridad cuando sabes que hay decenas de tareas que no son prioritarias que se van acumulando. Nosotros tenemos el mismo problema. De hecho, la Prioridad de JZ de hoy es finalizar un esbozo de esta táctica, pero un día de esta semana tiene que poner al día su correo electrónico —se retrasó la semana pasada porque estuvo viajando— y tiene que contestar algunas llamadas.

Por suerte, tenemos una solución: agrupamos las tareas pequeñas, y las procesamos todas a la vez en una sesión de prioridades. Es decir, reúne todas esas pequeñas tareas y conviértelas en tu Prioridad. Por ejemplo, un día de esta semana, la Prioridad de JZ será «ponerme al día con el correo electrónico» o «contestar llamadas».

Puede que estas tareas menores no te parezcan propias para convertirlas en una Prioridad —a nadie le gusta tener que ganar tiempo para responder correos electrónicos—, pero te sorprenderá la satisfacción que te dará el hecho de ponerte al día. Y cuando te pones al día de todo a la vez, en lugar de intentar constantemente tener la bandeja de entrada o la lista de tareas vacías, una sensación de satisfacción invade tu cuerpo.

Pero no lo hagas cada día. Esta es una táctica para hacerla de vez en cuando, hay que verla como una manera de lidiar con las tareas necesarias que, si no se hacen, te llenan el día. Te darás cuenta del poder de esta táctica los días que *no* la uses: saber que puedes ignorar con seguridad el correo electrónico, las tareas que no son urgentes, dejar que se acumulen mientras te concentras en tu Prioridad. Después de todo, reagrupando las pequeñas cosas estarás poniéndote al día.

Batalla de tácticas: las listas de tareas

Recuerda que no todas las tácticas funcionan igual para todo el mundo, incluso para nosotros dos. A veces, no estamos de acuerdo a la hora de analizar si una táctica realmente funcionó —¿Tengo más energía porque hice una siesta con cafeína (#72) o solo porque dormí la siesta?—. A veces, nuestros resultados difieren mucho. Pero, en lugar de diluir nuestras opiniones, cuando no estemos de acuerdo cada uno de nosotros dos te presentaremos nuestros consejos cara a cara para que puedas experimentar y decidir por ti mismo.

Hay una cosa en la que sí coincidimos: odiamos hacer listas de tareas. Nos gusta tachar las tareas completadas, pero tras esa fugaz sensación de logro se esconde una verdad desagradable: la mayoría de las tareas no son más que reacciones a las prioridades de los demás, no a las nuestras. Y no importa cuántas tareas hayas finalizado, siempre habrá más —más tareas están esperando para ocupar el sitio en la lista—. Estas listas solo perpetúan la sensación de nunca acabar con la que nos acosa la vida moderna.

Las listas de tareas también pueden ocultar aquello que es más importante. Todos somos susceptibles de escoger el camino más fácil, el que se nos resista menos, especialmente cuando estamos cansados, estresados, agobiados o simplemente muy ocupados. Las listas lo empeoran, ya que mezclan tareas fáciles con otras difíciles-pero-importantes. Cuando usas una de esas listas, tienes la tentación de posponer las tareas más importantes y terminas haciendo una de las fáciles.

Sin embargo, las listas de tareas no son tan malas. Te permiten capturar cosas para que no tengas que retenerlas en tu cabeza. Con esas listas lo ves todo en un mismo lugar. Son un mal necesario.

Así pues, por mucho que nos desagraden las listas de tareas, tenemos que usarlas. Con los años, ambos hemos desarrollado nuestras propias técnicas especiales para hacer esas listas. Por supuesto, cada uno de nosotros pensamos que nuestra solución es la mejor, y por eso te dejamos que lo decidas tú mismo.

5. La «lista puede que»

JZ

Mi solución para el problema de las listas de tareas es separar la decisión de qué hacer del acto de realizarla. Llamo a este enfoque la «lista puede que». Es exactamente lo que parece: una lista de cosas que *puede que* hagas. Los proyectos se quedan en la lista de los «puede que» hasta que decidas hacerlos tu Prioridad y consigas tiempo en tu agenda para realizarlos. Así es como funciona:

LISTA PUEDE QUE
¿Qué podrías hacer?

PRIORIDAD
¿Qué es lo más importante?

AGENDA
¿Cuál es tu plan?

Eres especialmente vulnerable a caer en el camino que menos se te resiste cuando no tienes un plan. Pero, cuando escojas una tarea importante de tu «lista puede que», hazla tu Prioridad del día y anótala en tu agenda; sabrás que has estado reflexionando para tomar una decisión sobre cómo emplear tu tiempo, y podrás volcar toda tu energía en esa tarea.

Una «lista puede que» te ayudará a evitar las listas interminables de la oficina o de tus proyectos personales. En 2012, mi esposa y yo compramos nuestro primer velero. En 2016 lo vendimos y compramos otro. Nunca se trataba solo del velero, sino que nos embarcábamos en un gran proyecto. Había literalmente centenares de cosas que hacer para tener listos los barcos, desde las más triviales —instalar toalleros— hasta las más intensas —esterilizar las cañerías para poder beber el agua—. Si hubiéramos trabajado directamente desde nuestra lista de tareas, nos habríamos agobiado. En lugar de eso, usamos una «lista puede que» que nos ayudó a organizarnos —¡y a mantenernos cuerdos!— y a asegurarnos de que estábamos dejando tiempo para las tareas importantes, en lugar de desperdiciarlo día tras días en tareas sencillas.

Así es cómo funcionaba: antes de empezar el día de trabajo en el velero, nos sentábamos con nuestra «lista puede que», y hablábamos sobre las cosas que *podíamos* hacer. Usábamos los mismos tres criterios para escoger una Prioridad —urgencia, satisfacción y alegría— para elegir el trabajo que era importante realizar *aquel día*. A continuación, lo añadíamos a nuestra agenda, intentando calcular el tiempo que podíamos tardar. Cuando llegaba la hora, íbamos al barco, herramientas y café en mano, con un plan para ese día. Esto nos ayudaba a trabajar organizados y concentrados, y nos permitía terminar cada día con una sensación de plena satisfacción.

6. La «lista de fogones»

Jake

Me encanta la idea de la «lista puede que», pero yo necesito algo más detallado para ayudarme a elegir y hacer un seguimiento de mis prioridades más importantes. Mi método se llama la «lista de fogones». No hace un seguimiento de cada detalle de cada proyecto, ni te ayuda a hacer malabares con miles de tareas. Pero esto es precisamente lo que la hace útil. Esta lista es limitada intencionalmente. Con ella te das cuenta de que no puedes empezar el primer proyecto o tarea que te venga. Igual que el tiempo y la energía, la «lista de fogones» es limitada, y por esta razón te obliga a decir «no» cuando es necesario, y te obliga a mantenerte concentrado en tu Prioridad número uno. Así se hace esta lista:

1. Divide un papel en dos columnas
Dibuja una línea en medio del papel para crear dos columnas. La columna de la izquierda será tu fogón principal —es decir, allí anotarás las tareas más importantes—, y la columna de la derecha será tu fogón secundario —con las tareas menos importantes—.

2. Coloca tu proyecto más importante en el «fogón» principal
Solo puedes tener un único proyecto, actividad u objetivo en ese fogón. No dos, ni tres: solo uno.

En la esquina de la izquierda, arriba, escribe el nombre de tu proyecto más importante y subráyalo. A continuación, anota las tareas para ese proyecto. Aquí deberías incluir cualquier tarea que puedas hacer en los próximos días para avanzar con el proyecto.

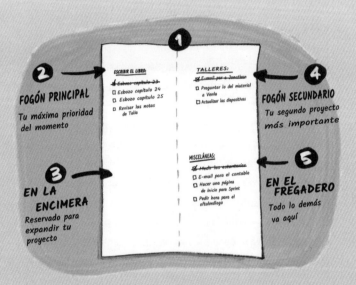

3. Deja espacio en la encimera

Deja el resto de la columna vacío. Será tentador llenar ese espacio con cualquier tarea que se te ocurra, pero la «lista de los fogones» no está diseñada para llenar la superficie del papel de manera eficiente; está pensada para que hagas un buen uso de tu tiempo y tu energía. El espacio en blanco no es solo para añadir más tareas al proyecto principal a medida que vayan surgiendo, sino que también se deja vacío para que ese espacio visual extra te permita concentrarte en lo más importante.

4. Pon tu segundo proyecto más importante en el fogón secundario

En la esquina de la derecha, arriba, escribe el nombre de tu segundo proyecto más importante y subráyalo, luego haz un listado de las tareas relacionadas.

La idea es dirigir tu tiempo y tu atención de la misma manera que si estuvieras cocinando. Sin pensarlo, te centrarías en el fogón principal. Por supuesto, estarás pendiente del fogón secundario y volverás a él para mezclar lo que hay en el cazo o para girar una tortita, pero la acción principal estará en el fogón principal.

5. Crea un fregadero

Para finalizar, aproximadamente a la mitad por debajo de la columna de la derecha, haz una lista de tareas misceláneas que necesites hacer pero que no pertenezcan ni al proyecto 1 ni al 2. Da igual si son parte del proyecto 3 o 4, o si son totalmente aleatorias; se ponen en el fregadero con todo lo demás.

No habrá espacio para todo en la «lista de los fogones», y esto significa que tendrás que dejar para más tarde lo que no es tan importante. Pero insisto, de esto se trata. He encontrado este gran proyecto, otro más pequeño, y luego una lista corta de tareas misceláneas, y todo esto es lo que puedo —¡o debería!— hacer a la vez. Si no cabe en el papel, no cabrá en mi vida.

La «lista de los fogones» es de usar y tirar, y a medida que voy tachando tareas la voy «quemando» y rehaciendo una y otra vez. Este acto de recrear la lista es importante. Me permite descartar tareas inacabadas que ya no son importantes, y también me hace reconsiderar cuáles son los proyectos que están en los fogones principal y secundario *en el momento*. A veces, será un proyecto del trabajo el que será prioritario; otras veces, uno personal ocupará ese fogón. No pasa nada, y es natural, que las cosas cambien. Lo que es importante es que solo puede haber un proyecto en el fogón principal.

Y ahora, ¡a cocinar!

7. Corre un esprint personal

Cuando empiezas un proyecto, tu cerebro es como un ordenador que está iniciando la sesión, cargando información relevante, normas y procesos en la memoria. Ese «proceso de arranque» requiere un tiempo, y tienes que repetirlo hasta cierto punto cada vez que retomas el proyecto.

Esta es la razón por la cual, en nuestros esprints de diseño, los equipos trabajan en el mismo proyecto durante cinco días consecutivos. La información se retiene en la memoria de las personas de un día para el otro, permitiéndoles profundizar cada vez más en el reto. Como consecuencia, exponencialmente así conseguimos más logros que si las horas que dedicamos al proyecto estuvieran esparcidas entre varias semanas o meses.

Pero este tipo de esprint no es solo para equipos; puedes correr un «esprint personal» tú solo. Ya sea pintar el salón, aprender a hacer malabares o preparar un estudio para un cliente, conseguirás mejores resultados y progresarás más rápido si lo realizas en días consecutivos. Solo tienes que elegir la misma Prioridad durante unos días seguidos —dividiéndola en pasos para cada día si es necesario— y mantener tu ordenador mental funcionando.

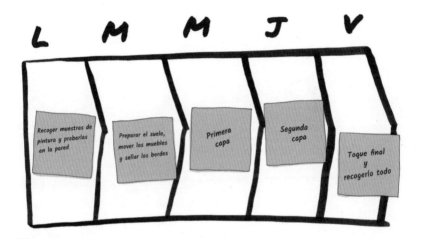

Jake

He comprobado los efectos cuando escribo. El primer día después de unos días de vacaciones es siempre difícil. No escribo mucho, me frustro y estoy de mal humor. El segundo día todavía es lento, pero noto que estoy calentando. El tercer y cuarto día, ya estoy centrado y hago todo lo posible para mantener el ímpetu.

Gana tiempo para tu Prioridad

8. Planea la Prioridad

9. Bloquea la agenda

10. Despeja la agenda con una excavadora

11. Échate atrás

12. Di «no»

13. Planifica el día

14. Conviértete en un madrugador

15. Prepara la noche en plan Prioridad

16. Déjalo cuando termines

8. Planea la Prioridad

Si quieres encontrar tiempo para la Prioridad, empieza por tu agenda. Igual que anotar la Prioridad (#1), esta táctica es de lo más fácil:

1. Piensa cuánto tiempo quieres emplear en la Prioridad.
2. Piensa cuándo quieres hacer la Prioridad.
3. Añade la Prioridad a tu agenda.

Cuando planeas cualquier cosa, te comprometes a ti mismo enviándote un pequeño mensaje que dice: «Haré esto». Pero planear la Prioridad tiene otro beneficio igual de importante: te obliga a negociar el modo en el que emplearás el tiempo. Imagínate que la Prioridad de hoy es ir al supermercado y preparar la cena para tu familia. Piensas: «La cena debería estar lista a las 7:00 de la tarde; si no, los niños irán a la cama demasiado tarde. Debo empezar a cocinar a las 6:00. Esto quiere decir que tengo que salir de la oficina a las 5:00 para tener tiempo de ir al supermercado». Añades un evento en tu agenda a las 5:00 de la tarde y lo llamas «salir de la oficina».

Una vez hayas planeado la Prioridad, esta franja de tiempo está tomada. No puedes añadir ninguna reunión ni comprometerte con ninguna otra actividad. Si van surgiendo otras cosas, deberás decidir si las colocas en otros espacios o si pueden esperar. Verás cómo tus prioridades van tomando forma en tu agenda.

JZ

Al principio de mi carrera profesional, no tenía muchas reuniones, así que no usaba agenda. Pero sí que tenía una lista de tareas. Cada día al llegar a la oficina, miraba la lista y pensaba: «¿Qué debería hacer hoy? ¡Oh, esto!». Escogía una tarea que parecía fácil y que estuviera condicionada por el tiempo y me ponía a trabajar. Pero al final del día, a menudo me sentía decepcionado: no había hecho las cosas más importantes, y nunca terminaba todo lo de la lista de tareas.

Más tarde, empecé a trabajar en Google. No puedes trabajar en Google sin usar una agenda compartida. No solo para estar al corriente de tus reuniones —hay muchas—, sino también para que tus colegas puedan ver tu agenda y puedan invitarte a reuniones añadiéndolas directamente a tu agenda.

Irónicamente, esa cultura de estar ocupado y de tener muchas reuniones de Google —y la necesidad de usar una agenda— me ayudó a ganar tiempo para las cosas que eran importantes para mí. Con una agenda, podía ver cómo empleaba mi tiempo, y mis colegas también podían verlo. A medida que mi agenda iba enloqueciendo, me di cuenta de que tenía que planear mi Prioridad si quería ganar tiempo para realizarla.

9. Bloquea la agenda

Si empiezas con una agenda vacía, puedes planear tu Prioridad en el horario ideal, cuando tienes más energía y cuando estás más concentrado. Pero, para la mayoría de nosotros, empezar el día con una agenda vacía es igual de probable que encontrarse un billete de mil dólares en la acera: *podría* ocurrir, pero mejor no contar con ello.[4] Y, si encima trabajas en una oficina donde tus compañeros pueden añadir reuniones a tu agenda, olvídate. Tendrás que usar otro enfoque: **utiliza a diario los bloques «dejar libre» para ganar tiempo para la Prioridad.**

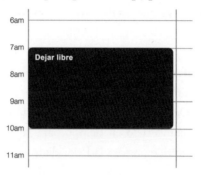

JZ aprendió este truco de su amigo Graham Jenkin. En 2007 y 2008, Graham era el jefe de JZ en Google, y a JZ le parecía que Graham podía hacerlo todo. Dirigía a unas veinte personas, y atendía y ofrecía ayuda real a cada una de ellas. También lideró el rediseño de AdWords, el producto de publicidad estrella de Google. Esto quiere decir que estaba involucrado con todo, desde el diseño de interfaces para usuarios, pasando por pruebas con clientes y revisiones de especificaciones, hasta la coordinación con ingenieros. Todo el mundo se preguntaba dónde encontraba Graham el tiempo, y la mayoría de las personas —incluyendo a JZ— asumía que trabajaba muchísimas horas. Pero se equivocaban.

---

4   Según la indudable Wikipedia, «Hasta el 30 de mayo de 2009, se cree que solo existían 336 billetes de 10.000 $; solo quedaban 342 billetes de 5.000 $; y 165.352 billetes de 1.000 $. Así que ¡ten los ojos abiertos!

En muchos sentidos, Graham tenía la típica agenda de un directivo corporativo. Cada día estaba llena de reuniones. Pero había algo inusual: cada día de 6:00 a 11:00 de la mañana, Graham tenía una reunión *consigo mismo*.

«Este es mi tiempo. Me levanto temprano, voy a la oficina temprano, me voy al gimnasio, tomo algo para desayunar y después trabajo un par de horas, antes de que empiecen las reuniones», decía Graham.

«¿Y nadie añadía reuniones en ese horario?», preguntó JZ.

«A veces lo intentan, pero les digo que ya tengo planes». Diez años más tarde, todavía usamos el truco de Graham para ganar tiempo para nuestra Prioridad. Y ya que estábamos en ello, adoptamos un par de trucos más.

Juega a la ofensiva, no a la defensiva. No uses los bloques «dejar libre» solo para evitar a tus compañeros o las reuniones. Debes ser intencional con cada horario que bloquees —conviértelo en tiempo para la Energía (página 173) o en tiempo para la Prioridad.

No seas avaricioso. Es verdad que *dijimos* que debías bloquear tu agenda, pero no deberías llenarla con eso. Es bueno dejar espacio desbloqueado para las oportunidades que puedan surgir, y tus colegas apreciarán que estés disponible. Cuando empieces con esta táctica, quizá querrás intentar bloquear una hora o dos cada día, y a partir de aquí vas ajustando.

Tómatelo en serio. Si no te tomas estos compromisos seriamente, los demás tampoco lo harán. Trata esos bloques como si fueran reuniones importantes y, cuando las personas intenten sobrerreservar tu tiempo, recuerda la respuesta simple pero efectiva de Graham: «Ya tengo planes».

10. Despeja la agenda con una excavadora

Si no puedes bloquear tu agenda, hay otra forma de despejar tiempo para tu Prioridad: usa una excavadora.

Imagina una minúscula excavadora que va pasando por tu agenda, desplazando los eventos arriba y abajo. La excavadora puede comprimir una reunión quince minutos y otra otros treinta. Puede empujar una reunión individual de la mañana a la tarde, o adelantar la comida media hora para que tengas un par de horas seguidas para tu Prioridad. La excavadora puede incluso amontonar todas tus reuniones en uno o dos días de la semana, liberando así los demás días para que puedas trabajar solo.

Por supuesto, excavar la agenda de esta manera es mucho más fácil si eres el jefe que si eres un becario,[5] pero creemos que tienes más poder sobre tu agenda de lo que piensas. No hay nada de malo en decirle a alguien que te ha surgido algo importante y pedirle si os podéis reunir media hora antes o después, o que sea una charla rápida en lugar de una reunión de una hora. De hecho, las personas generalmente se alegran cuando las reuniones se acortan o incluso desaparecen de la agenda.

Tenemos tendencia a aceptar peticiones de reunión porque es lo que se hace por defecto en casi todas las oficinas. Pero no creas que siempre hay una buena razón detrás de la duración de una reunión, o de la hora del día en que se hace o incluso del *por qué* te invitaron a la reunión. Los horarios en las oficinas no están basados en un gran diseño; se solidifican orgánicamente, como la capa de algas de un estanque. No pasa nada con hacer limpieza de vez en cuando.

11. Échate atrás

Habrá días y semanas en los que te sentirás tan cansado y ocupado que no podrás ni imaginar cómo vas a encontrar el tiempo para tu

---

5 Aunque, si eres capaz de que tu CEO reprograme la reunión trimestral de equipo y así dejar tiempo para tu siesta, ¡mejor para ti!

Prioridad. Cuando eso suceda, pregúntate a ti mismo qué puedes cancelar. ¿Puedes saltarte una reunión, retrasar un plazo o descartar tus planes con un amigo?

Lo sabemos, lo sabemos. Esta manera de pensar suena horrible. Incluso el *New York Times* se lamentaba de la cultura actual de la cancelación de último momento, llamándola la Edad Dorada de Retractarse. ¿Sabes qué? Creemos que echarse atrás está bien siempre y cuando hagas algo de provecho. Por supuesto, no puedes hacerlo todo el tiempo, pero hay un terreno intermedio muy grande entre seguir tu agenda ciegamente y ser alguien de quien los demás no puedan fiarse.

Solo tienes que ser honesto, explicar por qué te echas atrás, y olvídalo. Esta no es una buena estrategia a largo plazo; con el tiempo, irás viendo cuántos compromisos puedes mantener mientras todavía dejas tiempo para tu Prioridad. Pero, de momento, es mejor levantar algunas ampollas que posponer tus prioridades para «algún día». Adelante. No te sientas mal. Y, si los demás se quejan, explícales que nosotros te dijimos que estaba bien.

12. Di «no»

Bloquear, excavar y retractarse son maneras de ganar tiempo para tu Prioridad. Pero la mejor manera para escapar de las obligaciones de baja prioridad es no aceptarlas en primera instancia.

Para los dos, no está en nuestra naturaleza decir que no. Somos el tipo de personas que dice «sí» por defecto. Esto es, por una parte, amabilidad —desearíamos hacerlo todo, y queremos ayudar—. Pero, si somos sinceros, en parte es por falta de agallas. Es mucho más *fácil* decir que sí. Decir que no ante una invitación o un nuevo proyecto puede hacernos sentir incómodos, y así hemos perdido horas, días y semanas de tiempo para nuestra Prioridad porque no tuvimos el coraje de declinar un compromiso abiertamente.

Pero hemos estado pensándolo, y hemos descubierto que somos más felices cuando decimos que no por defecto. Lo que nos ayudó a realizar el cambio fue ensayar escenarios para diferentes situaciones para saber *cómo* decir que no.

¿Estás completamente comprometido con tu Prioridad y de verdad no tienes tiempo? «Lo siento, estoy muy ocupado con unos proyectos importantes, y no tengo tiempo para nada nuevo».

¿Podrías apretujar un proyecto nuevo pero te preocupa no poder dedicarle toda tu atención? «Lo siento, pero no tengo tiempo para hacerlo bien».

¿Te han invitado a una actividad o un evento que sabes que no disfrutarás? «Muchas gracias por la invitación, pero la verdad es que no me gusta demasiado el *softball*».[6]

En resumen, **sé agradable pero sincero**. Con los años hemos escuchado muchas técnicas ingeniosas para declinar peticiones, inventar excusas o posponer indefinidamente, y hemos probado algunas de ellas. Pero no te sientes bien haciéndolas, y no son sinceras. Todavía peor, solo retrasan la difícil decisión hasta más adelante, y esas decisiones a medias pueden agotarte, enganchadas a ti como un crustáceo en el casco de un barco. Así que olvídate de los trucos engañosos, libérate del lastre y cuenta la verdad.

El que digas «no» a una petición no significa que no puedas aceptarla más adelante. Dilo solo si lo dices de verdad. «Muchas gracias por la invitación, pero preferiría salir otro día». O: «Me alegra mucho que me hayas pedido ayuda, espero que podamos trabajar juntos en otra ocasión».

Nuestra amiga Kristen Brillantes usa lo que llama el «método de los caramelos Sour Patch Kid» cuando dice que no. Igual que esos caramelos, las respuestas de Kristen son ácidas al principio, pero dulces al final. Por ejemplo: «Por desgracia, mi equipo no podrá participar. Pero

---

6   Cuando le dices no a un amigo, puedes hacerlo con humor. Amigo: «¿Vamos a correr antes de ir al trabajo?». Tú: «NI DE BROMA».

podrías preguntar al equipo X; es perfecto para este tipo de eventos».
La clave, dice Kristen, es que el final dulce sea auténtico, que no sea
una añadidura vacía. Si es posible, Kristen procura una conexión con
otra persona con la capacidad o el interés y para quien la invitación
pueda ser una buena oportunidad. Si no, ofrece ánimo o se muestra
agradecida. Algo tan simple como un «Gracias por pensar en mí; parece que os vais a divertir» puede llegar muy lejos.

13. Planifica el día

Cuando coordinábamos los esprints de diseño en Google Ventures, pla-
nificábamos cada día hora a hora, incluso minuto a minuto. Cada esprint
era una oportunidad para perfeccionar nuestra fórmula. Hacíamos un
seguimiento de las idas y venidas del trabajo a lo largo del día —cuándo
bajaba el nivel de energía, cuándo las cosas iban demasiado despacio o
rápido— e íbamos haciendo los ajustes según las necesidades.

Bloquear la agenda y planear la Prioridad es una manera óptima para
empezar a ganar tiempo. Pero puedes llevar esta mentalidad proactiva
e intencional a otro nivel aprendiendo de los esprints y diseñando *todo*
el día. JZ lo ha estado haciendo durante muchos años, estructurando el
tiempo de su agenda así:

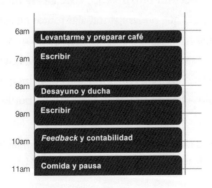

Sí, es detallado. Muy detallado. ¡Incluso bloqueó tiempo para preparar el café y darse una ducha! JZ diseña su tiempo así casi cada día. Al anochecer, piensa en el día que ha tenido y evalúa rápidamente su horario para saber qué ha funcionado y qué no, y compara su programa con la manera en que realmente ha empleado el tiempo. A continuación, ajusta su programa futuro según lo que ha observado.

Tenerlo todo tan planificado puede parecer irritante: «¿Y qué hay de tu libertad y espontaneidad?». Pero, en realidad, un día estructurado proporciona libertad. Cuando no tienes un programa, has de estar decidiendo constantemente qué harás a continuación, y puedes distraerte pensando en lo que podrías o deberías hacer. Pero un día perfectamente planificado te da la libertad de concentrarte en cada momento. En lugar de pensar *qué* harás después, eres libre para concentrarte en *cómo* lo haces. Puedes fluir, fiándote del plan que ha diseñado tu yo pasado. ¿Cuál es el mejor momento para comprobar el correo electrónico? ¿Cuánto tiempo debería tomarme? Puedes diseñar las respuestas de antemano, en lugar de reaccionar al momento.

Jake

Sarah Cooper es para mí un modelo a seguir. Unos años atrás, dejó su trabajo en Google para ser escritora y humorista a tiempo completo, y con el tiempo empezó a escribir entradas divertidísimas en su página web *The Cooper Review*, enganchó a miles de lectores y firmó un contrato para tres libros. Así que, cuando dejé *mi* trabajo en Google, pedí consejo a Sarah sobre cómo planificaba su tiempo ahora que no trabajaba en una oficina.

El secreto de Sarah era fijar un horario sólido y predecible planificando el día hora a hora. Usaba un bloc de notas para programar su agenda y evaluar lo que había hecho o no. «Con ello me di cuenta de que el día tiene las suficientes horas para poder terminar las cosas. En lugar de hacer listas de tareas, planeo mi día en franjas de media hora».

Me gustó la idea y conocía la devoción enfermiza de JZ de microgestionar su agenda, así que decidí probarlo. En lugar de usar mi agenda, usé un método recomendado por Cal Newport en *Enfócate (Trabajo profundo)*: escribir mi horario en un papel en blanco, e irlo reescribiendo a medida que las cosas van cambiando y evolucionando. Justo así:

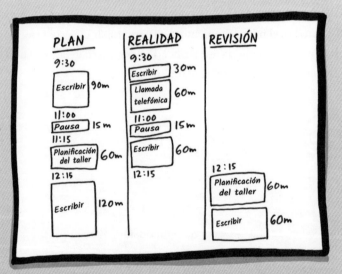

Funcionó. Reescribir constantemente me hacía pensar en cómo empleaba mi tiempo, me mostraba cuál era el mejor momento para escribir, y me ayudó a fijar una rutina. Ahora, cuando noto que las cosas están descontroladas, sé qué debo hacer: es el momento de replantear el día.

Batalla de tácticas: mañana versus noche

Si no puedes encontrar el tiempo para tu Prioridad durante el día, puedes intentar crear un espacio por la mañana temprano o ya cuando anochece. JZ es un ser nocturno que se convirtió en un madrugador. Jake no consiguió hacer el cambio, así que optimizó la noche. A continuación, te mostramos nuestras estrategias.

14. Conviértete en un madrugador

JZ

En 2012, decidí ser un madrugador.

No llegó como algo natural. Toda mi vida, siempre que tenía que levantarme temprano —para una reunión, un evento o para ir a clase— se me pegaban las sábanas. Parecía que siempre iba corriendo y llegando tarde, y arrastraba todo el día una sensación de fatiga, andaba como un zombi.

Pero me fascinó el potencial de las mañanas. Esas horas tempranas parecían un regalo: un par de horas «libres» para trabajar en mi Prioridad y prepararme para el día. Convertirme en un madrugador también me permitió más tiempo para mi pareja, que trabajaba en una empresa donde las reuniones matinales eran la norma. Odiaba tener un horario distinto al de Michelle, y nos restaba tiempo juntos.

Como buen ser nocturno, sabía que necesitaría un plan si quería evitar la sensación de estar atontado y descentrado. Así que busqué por internet qué había funcionado para otras personas, y decidí hacer algunos experimentos sencillos.

Funcionó. Con la ayuda de un par de trucos fáciles, cambié un horario típicamente nocturno —hasta medianoche o incluso más tarde, mirando una pantalla, trabajando, escribiendo, programando— por una rutina poco común en la que me iba a la cama temprano, me levantaba temprano y a menudo usaba las horas tranquilas de la mañana para mi Prioridad del día.

Comparto mis trucos con cualquier ser nocturno que quiere empezar a levantarse temprano:

Empieza con la luz, el café y algo que hacer

No subestimes la importancia de la luz del día para despertarte. Los humanos estamos programados para levantarnos cuando hay luz e irnos a dormir cuando oscurece. Pero, si quieres ganar tiempo para tu Prioridad antes de que empiece la jornada laboral, no puedes esperar a que salga el sol; durante la mayor parte del año en casi todo el mundo la gente se tiene que levantar antes de la salida del sol. Así que, cuando me levanto, enciendo todas las luces de mi apartamento —o del barco cuando estoy allí—. Y siempre intento ver el amanecer, incluso si es una o dos horas después de que me haya levantado; ver el cielo cambiar de oscuro a claro le recuerda a mi cerebro que es hora de pasar de la noche al día.

El café también es muy importante para mí. Seguro, la cafeína nos gusta, pero la rutina de preparar el café es esencial para mis mañanas. Tardo quince minutos en prepararlo usando una técnica simple: hervir agua, moler los granos, poner el filtro, añadir el café molido y verter el agua. Es un proceso más laborioso que usar una máquina, pero de eso se trata. Mi lento ritual para preparar café me mantiene ocupado durante el periodo de fuerza de voluntad débil, sabiendo que podría estar comprobando el correo electrónico o irme a Twitter, y es muy probable que ambas actividades me lleven a un vórtice de improductividad reactivo. En lugar de eso, estoy en la cocina de mi apartamento (o del barco), me despierto despacio, pienso en el día que tengo por delante, y disfruto de una taza de café recién molido mientras empiezo a trabajar en mi Prioridad.

Tener algo que hacer por las mañanas te ayudará a levantarte temprano, pero para mí también es la *razón* por la cual me levanto temprano. Incluso los días que no trabajo en la Prioridad a primera hora de la mañana, todavía encuentro razones para tener tiempo esas horas anteriores al amanecer. Hacer ejercicio es una excelente actividad matutina. También lavar los platos, planchar camisas u ordenar la casa me ayuda a despertarme y a sentirme productivo antes de que comience el día.

Sin embargo, incluso con la luz, el café y algo para hacer, es difícil levantarse temprano sin antes hacer unos ajustes a la rutina nocturna.

Diseña la noche anterior

Empieza realizando una evaluación honesta de cuántas horas de sueño necesitas y cuántas duermes. Me siento mejor cuando duermo de siete a ocho horas —a veces nueve, especialmente en invierno—. Muchos días me levanto alrededor de las 5:30 de la mañana, eso significa que debo irme a la cama sobre las 9:30 de la noche. Si eres un ser nocturno, pensarás que es imposible quedarte dormido tan temprano. Esto es lo que creía yo. Pero para la mayoría de nosotros, es la sociedad, no nuestro cuerpo, quien dicta nuestra hora de ir a la cama. Si quieres intentar reiniciar este ajuste predeterminado, te voy a mostrar unos consejos que te ayudarán.

Presta atención a la manera cómo la comida y la bebida afectan a tu sueño. Muchos estudios demuestran que el alcohol no mejora la calidad del sueño, a pesar de que lo parezca, incluso perjudica el sueño REM. Me gusta comer chocolate negro al anochecer (#69), pero aprendí a las malas su sorprendente alto contenido en cafeína.

Finalmente, ajusta tu entorno para relajar el cuerpo y dejarle entender que es hora de ir a la cama. Empiezo bajando la intensidad de las luces. Apago las periféricas de la cocina y del pasillo, luego enciendo las lámparas del salón y del dormitorio. Mi rutina preferida —y la más friki de todas, con diferencia— es la del repliegue: alrededor de las 7:00 de la tarde, cierro las cortinas del dormitorio, saco los cojines decorativos de la cama y abro el edredón (si quieres saber más, mira la #84, «simula la puesta de sol»).

No siempre me resulta fácil levantarme a las 5:30, pero he aprendido a que me gusten las mañanas. Y lo que recibes a cambio es fascinante: alrededor de las 9:30, la mayoría de los días ya he tenido una hora de trabajo productivo, me he duchado y me he vestido, he andado dos millas, he desayunado y me he tomado dos tazas de café.

No todo el mundo puede convertirse en un madrugador. Para algunas personas, será mejor conseguir tiempo por la noche. Aun así, vale la pena intentarlo. Después de todo, yo no sabía que *podía* ser madrugador hasta que lo probé. A menudo, no sabemos de qué somos capaces hasta que aplicamos unas simples tácticas y adoptamos una mentalidad abierta a la experimentación.

15. Prepara la noche en plan Prioridad

Jake

Estamos genéticamente predispuestos para ser o bien madrugadores o bien nocturnos. No me baso en ningún estudio científico, sino en la observación de mis hijos que yo mismo he llevado a cabo durante varios millares de días.

Mi hijo mayor, Luke, es un madrugador que se levanta cantando. Durante el desayuno, puede hablar a un ritmo de unas 2.600 palabras por minuto, y sin café. Mi otro hijo, Flynn, es todo lo contrario, es nocturno. Por las mañanas está confundido y enfadado, y si intento hablarle antes de las 7:00 de la mañana, intentará darme un golpe bajo.

Lo entiendo. Yo también soy una persona nocturna. Intenté aplicar las tácticas de JZ para convertirme en madrugador, pero siempre fueron boicoteadas por las interrupciones de mis hijos. Era frustrante. Con una familia y un trabajo a tiempo completo, a menudo era difícil encontrar tiempo ininterrumpido durante el día para realizar mi Prioridad. Si no podía hacerlo durante las mañanas, debía buscar tiempo en algún otro momento.

Decidí perfeccionar mi nocturnidad. Me di cuenta de que las horas entre las 9:30 de la noche —cuando mis hijos dormían y las 11:30 —cuando me iba a la cama— podían ser las mejores horas para concentrarme. Nunca antes me había tomado en serio la noche, pero allí había dos horas extra que, solo con que yo aprendiera a usarlas de manera eficiente, esperaban que yo las tomara.

El mayor reto fue que, aunque podía quedarme hasta las 11:30 de la noche con facilidad, a menudo mi batería ya estaba gastada. No lograba concentrarme para hacer nada significativo, por lo que tenía la costumbre de desperdiciar esas horas extra con actividades que me repercutían poco y que requerían baja energía, como revisar el correo electrónico y leer cosas de los Seattle Seahawks.

Me tomó cierto tiempo superar ese reto, pero al final encontré una estrategia a tres partes para convertir ese tiempo nocturno en tiempo para mi Prioridad:

Primero, recarga

Si tengo planeado quedarme por la noche y trabajar en un proyecto, empezaré refrescando mi cerebro con una pausa de verdad (#80). Cuando mi hijo pequeño ya está en la cama (alrededor de las 8:30), puedo sentarme con mi pareja y mi hijo mayor para mirar un trozo de película. O puedo leer unas cuantas páginas de una novela. O puedo limpiar la cocina y guardar los juguetes que hay en el salón. Esas actividades cambian el «modo ocupado» de mi mente y recargan la batería mental —una gran diferencia respecto a contestar frenéticamente el correo electrónico, leer artículos anzuelo o mirar un intenso show televisivo especialmente diseñado para que me engulla un agujero negro de atracón televisivo—.[7]

Desconéctate

Alrededor de las 9:30, me cambio a modo Prioridad, generalmente para escribir, pero también para preparar una presentación o un taller. Incluso con una recarga rápida de batería, mi concentración no suele estar al cien por cien, así que me doy un respiro de internet (#28), lo que me permite concentrarme en escribir con una fuerza de voluntad mínima.

No te olvides de relajarte

Aprendí a las duras que tengo que bajar las revoluciones de mi cerebro después de trabajar hasta tarde por la noche; si no, voy a fastidiar mis horas de sueño. Bajar la intensidad de las luces (#84) ayuda, pero lo más importante es irme a la cama antes de que me convierta en una calabaza. Para mí, esta hora mágica es a las 11:30, y si a esta hora no estoy en la cama, mi energía se desplomará el día siguiente.

---

7   Para conocer en profundidad la ciencia que se esconde detrás de las maratones televisivas y los finales de suspenso, te recomiendo *Irresistible*, de Adam Alter.

16. Déjalo cuando termines

Puede resultar difícil dejar de trabajar al final del día, porque el «club de los ajetreados» incentiva la mentalidad del «solo una cosa más». Un correo electrónico más. Una tarea más. Muchas personas solo lo dejan cuando ya están demasiado exhaustas para continuar y, aun así, vuelven a comprobar el correo electrónico antes de irse a la cama.

Pero nosotros también caemos en esa trampa. El «club de los ajetreados» lo hace estupendamente bien para convencernos de que «solo una cosa más» es la cosa más responsable y diligente que podemos hacer; y a menudo da la impresión de que es lo único que se puede hacer para no quedarse atrás.

Pero no lo es. Trabajando hasta el agotamiento tenemos más probabilidades de quedarnos atrás, ya que ello nos roba el descanso que necesitamos para priorizar y trabajar mejor. Intentar apretujar solo una cosa más es como conducir un coche que se está quedando sin gasolina: no importa lo mucho que aprietes el acelerador; si el depósito está vacío, no llegarás a ninguna parte. Necesitas parar y repostar.

En nuestros esprints de diseño, nos dimos cuenta de que, si terminábamos de trabajar *antes* de que las personas estuvieran exhaustas, la productividad semanal incrementaba drásticamente. Incluso acortar el día treinta minutos marcaba una gran diferencia.

¿Cuándo deberías dejarlo? En lugar de intentar responder a todos los correos electrónicos —nunca lo conseguirás— o de terminar todas las tareas —sigue soñando—, tienes que crear tu propia línea de meta. Puede que encuentres la hora perfecta para parar; la nuestra era a las 5:00 de la tarde.

O puedes usar la Prioridad. Mientras va llegando la hora de parar, piensa si has conseguido realizar tu Prioridad. Si lo has hecho, puedes descansar sabiendo que has encontrado tiempo para desarrollar el trabajo más importante del día. No importa cuántas cosas terminaste o no terminaste, o cuántas horas trabajaste o no trabajaste, serás capaz de recordar el día que ha pasado con un sentimiento de alegría, de logro o de satisfacción —¡o de los tres a la vez!—.

Y si *no* terminaste tu Prioridad, fue porque (eso esperamos) tuviste que dejarla debido a un proyecto imprevisto superimportante. Si es así, todavía puedes estar satisfecho sabiendo que hiciste algo urgente y necesario. ¡Buen trabajo! Ahora, ignora la bandeja de entrada y piensa que la jornada ha terminado.

JZ

En 2005 empecé a trabajar en una empresa emergente tecnológica de Chicago. Era mi primer trabajo a tiempo completo y la primera vez que tenía que gestionar mi energía a lo largo del día. Enseguida aprendí que me resultaba más fácil concentrarme en el trabajo las horas antes de la comida; así que, cuando me veía a mí mismo pelearme con una tarea que no debería ser tan difícil por la tarde, me permitía dejarla para la mañana siguiente. Casi siempre, la terminaría en una fracción de tiempo. En lugar de intentar forzarlo cuando estaba al límite, recargaba energías dejándolo cuando ya no podía más.

Láser

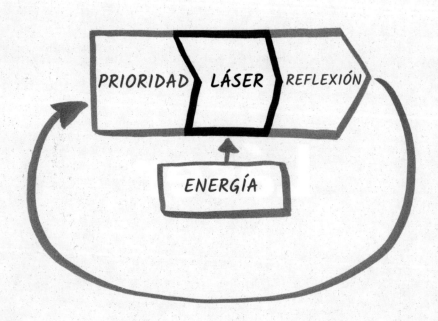

Prestar atención,
ese es nuestro trabajo interminable y apropiado.

—MARY OLIVER

Muy bien, has elegido una Prioridad para el día y has ganado tiempo en tu apretada agenda. Ha llegado la hora y debes concentrarte. Y, claro, *esta* es la parte más dura.

En este capítulo tratamos un estado mental que llamamos Láser (*laser*). Cuando estás en modo Láser, tu atención se centra en el presente como un rayo láser enfocando un objetivo. Estás en la onda, completamente involucrado e inmerso en el momento. Cuando estás concentrado como un láser en tu Prioridad, te sientes de maravilla —es el premio por elegir proactivamente lo que es importante para ti—.

La palabra «láser» puede parecerte intensa; pero, si has escogido una Prioridad y ya has encontrado tiempo, no debería haber nada difícil ni complicado en ello. Cuando haces alguna cosa que te importa y tienes la energía para centrarte, el modo Láser sale por sí solo.

A menos que… te distraigas. La distracción es el enemigo del modo Láser. Es como una bola de discoteca gigante que se interpone en la trayectoria de tu rayo láser: la luz va por todas partes, *excepto* en dirección al objetivo. Cuando eso ocurre, es fácil que pierdas de vista tu Prioridad.

No sabemos si tú te distraes; nosotros, sí. Mucho. El correo electrónico nos distrae. Twitter nos distrae. Facebook nos distrae. Las noticias de deportes, de política y de tecnología y rebuscar el GIF animado perfecto nos distraen. Incluso nos hemos distraído escribiendo *este* capítulo.[1]

Esperamos que no nos juzgues por esto; al fin y al cabo, vivimos en un mundo lleno de distracciones. Siempre hay algo nuevo en nuestra bandeja de entrada, en internet o en el teléfono inteligente que se ilumina en nuestro bolsillo, y sencillamente no podemos resistirnos: Apple dice que las personas abren su iPhone una media de 80 veces al día, y un estudio de 2016 de la empresa de investigación de usuarios Dscout mostró que las personas tocan su móvil una media de 2.617 veces al día. Estar distraído se ha convertido en el nuevo estado predeterminado.

En este mundo, solo la fuerza de voluntad no es suficiente para proteger nuestra concentración. No lo decimos porque no creamos en ti o para justificar nuestra propia debilidad. Lo decimos porque sabemos exactamente a qué te vas a enfrentar. Recuerda: ayudamos a *crear* dos de las «piscinas infinitas» más adictivas que existen. Hemos visto la industria de la distracción desde dentro, por lo que sabemos bastante bien por qué todo esto es tan irresistible, y sabemos cómo puedes rediseñar el uso que haces de la tecnología para recuperar el control. Te presentamos nuestras historias.

---

1   Al final, conseguimos reanudar el capítulo.

Una historia de amor con el correo electrónico

Jake

Desde el primer momento en que lo vi —como estudiante de primer año en el instituto en 1992— pensé que el correo electrónico era lo más fantástico que había visto. Escribes un mensaje, clicas en «Enviar» y las palabras viajan a la velocidad de la luz, apareciendo de inmediato en otro ordenador —no importaba si lo enviabas a la calle de al lado o al otro lado del planeta—. ¡Alucinante!

Antes, cuando todavía era un nicho que solo unos pocos conocíamos, intentaba impresionar a las chicas explicándoles cómo funcionaba. «Hola, chicas», decía, «os voy a presentar la manera futurista para comunicarse. ¡Envíame un correo electrónico y yo te enviaré otro!». Sorprendentemente esta estrategia no funcionaba y, durante mucho tiempo, no pude hacer demasiado con el correo electrónico —ni con las chicas—, excepto maravillarme ante las posibilidades.

Por supuesto, con el tiempo el correo electrónico enganchó a la gente. Ya por el año 2000, cuando conseguí mi primer trabajo a tiempo completo, era la principal vía de comunicación. Aunque generalmente lo usaba para las tareas aburridas del trabajo, todavía creía que había algo mágico en enviar un correo electrónico al otro lado del mundo.

Cuando en 2007 empecé a trabajar para Google y tuve la oportunidad de unirme al equipo de Gmail, me sentí muy afortunado. Ni un trabajo de astronauta me habría entusiasmado tanto.

Trabajando mucho, diseñé maneras para lograr que Gmail fuera mejor y más fácil de usar. Trabajé aspectos funcionales, como un sistema para organizar el correo automáticamente; pero también trabajé aspectos más divertidos, como una herramienta para añadir emojis a los mensajes y temas visuales para que los usuarios pudieran personalizar sus bandejas de entrada.

Queríamos que Gmail fuera el mejor servidor de correo electrónico. Y la mejor manera de medir nuestro progreso era contar cuántas personas usaban Gmail y con qué frecuencia lo hacían. Cuando un usuario abría una cuenta de Gmail para probarlo, ¿se quedaba o se iba? ¿Volvía con la frecuencia necesaria para que nosotros estuviéramos seguros de que realmente le gustaba? ¿Eran útiles estas herramientas tan fascinantes que creábamos? Con montones gigantes de datos, era posible dar respuesta a todo esto.

Con el tiempo podíamos ver si Gmail iba creciendo, y podíamos ver si nuestros experimentos hacían que nuestro producto fuera lo suficientemente «pegadizo» como para que los usuarios siguieran interesados. Me encantaba ese trabajo. Cada día era emocionante. Cada mejora podía hacer la vida de millones de personas *un poco* más fácil. Por cursi que suene, creía que estaba contribuyendo a un mundo mejor.

 Rediseñando YouTube

JZ

En 2009, para mí YouTube solo era el mejor sitio para encontrar vídeos divertidos de gatos o de perros en monopatín. Y seré sincero: cuando en un primer momento me invitaron a formar parte del equipo como diseñador, no me interesaba demasiado. Sabía que YouTube era muy popular, pero no podía ver cómo podría ser algo más que un sitio web extravagante.

Pero, a medida que iba sabiendo más cosas, más me entusiasmaba. Los ejecutivos explicaban su visión para crear una nueva manera de hacer televisión con miles, o millones, de canales sobre cualquier tema. En lugar de quedarse con lo que se estaba emitiendo en ese momento, YouTube te ofrecería los canales que se ajustaban perfectamente a tus intereses. Además, como cualquier persona podía subir vídeos, podía ser una plataforma para aspirantes a directores cinematográficos, músicos y demás artistas que quisieran difundir sus proyectos. En YouTube, cualquier persona podía ser «descubierta».

Parecía una gran oportunidad, así que acepté el trabajo. En enero de 2010, mi esposa y yo nos mudamos a San Francisco y entré en el equipo de YouTube.

Al empezar, aprendí cómo la nueva visión de YouTube se traducía en cómo medíamos nuestro trabajo. En la era de los perros en monopatín, todo se basaba en el número de visualizaciones. ¿Cuántos vídeos se visualizaban? ¿Con qué frecuencia se clicaban los vídeos relacionados de la derecha? Pero con nuestro foco en los canales, empezamos a tener en cuenta los minutos: ¿Cuánto *tiempo* pasaba la gente en YouTube? ¿Se quedaban para visualizar el siguiente vídeo del canal? Era una mentalidad totalmente nueva.

En mi nueva posición, también aprendí lo importante que era ese tipo de trabajo para la compañía. Mi percepción de YouTube como un sitio web extravagante no se correspondía con las enormes oficinas, los centenares de empleados con talento y un foco ejecutivo intenso. Me di cuenta de esto cuando a mi nuevo equipo —creado para conseguir que YouTube se orientara más hacia los canales— se nos permitió usar la oficina del CEO como la «habitación de guerra». ¡El CEO! Le preocupaba tanto mejorar YouTube que estaba dispuesto a dejarnos su oficina si eso ofrecía más posibilidades.

Nuestro esfuerzo empezó a tener resultados. Lanzamos el nuevo diseño a finales de 2011, y la gente se suscribía a más canales y pasaba más tiempo visualizando vídeos. A principios de 2012, la prensa se hacía eco de los resultados. Por ejemplo, el *Daily Mail* en Londres decía: «YouTube se está transformando exitosamente en un servicio de televisión por internet que está llegando a la madurez», y citó datos mostrando que los usuarios se quedaban un 60% más de tiempo que el año anterior. El análisis del *Daily Mail* nos emocionó de verdad: «El cambio se debe al reciente lanzamiento del nuevo YouTube, que se centra más en "canales" similares a la televisión y en shows más largos».

Estábamos eufóricos. Nuestro rediseño de YouTube era un proyecto raro en donde la visión, la estrategia y la ejecución se juntaron exactamente de la forma deseada. Y al igual que Jake, a mis colegas y a mí nos encantaba nuestro trabajo. Minuto a minuto, estábamos deleitando un poco la vida de las personas.

Por qué las «piscinas infinitas» son tan difíciles de resistir

De acuerdo, estas son nuestras historias. ¿Te has dado cuenta? En las dos hay la típica narrativa de Silicon Valley: un grupo de nerds idealistas empeñados en diseñar tecnología fantástica y cambiar el mundo. Pero, si profundizas en estas historias, encontrarás los ingredientes secretos que explican el porqué de la seducción irresistible de las «piscinas infinitas».

Ante todo, hay pasión por la tecnología. No lo fingíamos, lo sentíamos antes y lo sentimos ahora. Multiplica esta pasión por decenas de miles de trabajadores de la tecnología y tendrás una idea de cómo la industria va girando cada vez más veloz, desarrollando tecnologías y dispositivos más sofisticados. Las personas que hacen esas cosas aman su trabajo, y están ansiosas por traerte el próximo avance futurista. Creen realmente que su tecnología mejorará el mundo. Por supuesto, cuando las personas están entusiasmadas con lo que hacen, lo hacen muy bien. Así pues, ¿cuál es el primer ingrediente secreto que hace que los productos «piscina infinita» como el correo electrónico y los vídeos en línea sean irresistibles? Están hechos con amor.

Después están la medición sofisticada y la capacidad de mejora continua. En Google, no teníamos que confiar en nuestra intuición para saber qué quería la gente; podíamos desarrollar experimentos y obtener respuestas cuantitativas. ¿La gente pasaba más tiempo mirando *este* tipo de vídeos o *aquel*? ¿Volvían a Gmail un día tras otro? Si los números iban subiendo, quería decir que las mejoras estaban funcionando y que los clientes estaban contentos. Si no, podíamos probar algo nuevo. Rediseñar y relanzar software no es exactamente sencillo, pero es mucho más fácil que, por ejemplo, fabricar un modelo nuevo de coche. Así que **el segundo ingrediente secreto es la evolución:** los productos tecnológicos mejoran drásticamente de un año a otro.

A final, ambos seguimos otros caminos, pero continuábamos observando de cerca las novedades. Con el tiempo, la competencia se endurecía. Al principio, Gmail solo tenía que luchar contra servicios de correo electrónico como Hotmail y Yahoo. Pero más tarde, a medida que la genta iba enviando mensajes a través de las redes sociales, Gmail competía con Facebook. Y a medida que el uso de iPhones y los móviles Android se iba extendiendo, Gmail también rivalizaba con aplicaciones para teléfonos inteligentes.

Para YouTube, la competencia era todavía más feroz. YouTube no solo compite con otros sitios web de vídeo; también pugna por tu tiempo contra la música, las películas, los videojuegos, Twitter, Facebook e

Instagram. Además, por supuesto, compite con la televisión: el estadunidense medio todavía mira un promedio de 4,3 horas de televisión tradicional cada día.[2] En lugar de ir desapareciendo, los shows televisivos están mejorando, resultado de la carrera constante para producir sin parar las mejores series dignas de una buena maratón televisiva.

Gmail y YouTube no «ganaron» esa carrera, pero el reto les hizo evolucionar y crecer. En 2016, Gmail ya tenía mil millones de usuarios. En 2017, YouTube anunció que ya alcanzaba los mil millones y medio de usuarios, y que de media estaban alrededor de una hora mirando vídeos.[3]

Mientras tanto, la competencia para captar el interés de la gente se va endureciendo. En 2016, Facebook anunció que sus 1.650 millones de usuarios pasaban una media de cincuenta minutos al día con sus servicios. El mismo año, Snapchat, relativamente nueva, decía que sus 100 millones de usuarios estaban entre veinticinco y treinta minutos en la aplicación. Y no mencionamos las otras aplicaciones y sitios web. En conjunto, en 2017, los estudios revelaban que los estadounidenses pasaban más de cuatro horas diarias con sus móviles.[4]

---

2   Antes de reírte de nosotros, los estadounidenses, mira el resto del mundo: según un estudio de 2015 realizado por Ofcom, la entidad reguladora de telecomunicaciones del Reino Unido, los británicos miran 3,6 horas de televisión al día, los coreanos 3,2, los suecos 2,5 y los brasileños 3,7. De un total de quince países, la media era de 3 horas y 41 minutos diarios. Sí, los EE. UU. están en primera posición… pero vosotros no os quedáis lejos.

3   Dato divertido: esto significa que, cada día, los humanos miramos más de mil millones y medio de horas de YouTube. Si reprodujeras esos vídeos uno detrás de otro, se tardarían más de 173.000 años, que es aproximadamente lo que el *Homo sapiens* ha existido. O, visto de otra manera, un montón de «Gangnam Style».

4   De hecho, un estudio de 2017 desarrollado por una empresa llamada Flurry mostró que la gente estaba más de *cinco* horas diarias con sus móviles. Sabiendo que los estudios varían, nosotros optamos por la cifra más conservadora de Hacker Noon, que analiza estudios de Nielsen, de comScore y del Pew Research Center, entre otros, para llegar a las «más de cuatro horas».

Esta competición es el tercer ingrediente secreto que hace que la tecnología moderna sea tan seductora. Cada vez que un servicio lanza una herramienta nueva e irresistible, sube la apuesta para sus competidores. Si una aplicación, un sitio web o un videojuego no te mantiene atado, tienes una infinidad de opciones con tan solo pulsar la pantalla un par de veces. Todo está luchando contra todo lo demás todo el tiempo. Es la selección natural, la supervivencia del más apto; y los supervivientes son muy buenos.

¿La cuarta razón por la que las «piscinas infinitas» son tan adictivas? Todas estas tecnologías se aprovechan del cableado natural de nuestros cerebros, que evolucionaron en un mundo sin microchips. Evolucionamos para ser «distraíbles» porque nos mantenía a salvo ante los peligros —atención al movimiento súbito en tu visión periférica, ¡puede ser un tigre o un árbol que está cayendo!—. Evolucionamos para que nos entusiasmaran los misterios y las historias de amor, porque nos ayudaban a aprender y a comunicarnos. Evolucionamos para que nos interesásemos por los chismes y para buscar estatus social, porque nos permitía formar tribus protectoras muy unidas. Y evolucionamos para que nos encantaran los premios imprevistos —ya fuera un arbusto lleno de fresas o una notificación de un móvil—, porque la posibilidad de estos premios nos mantenía cazando y recolectando, incluso cuando regresábamos a casa con las manos vacías. **Nuestros cerebros cavernícolas son el cuarto ingrediente secreto.** Por supuesto que nos encantan el correo electrónico, los videojuegos, Facebook, Twitter, Instagram y Snapchat, están literalmente en nuestro ADN.

No esperes que la tecnología te devuelva tu tiempo

Escucha, nos apasiona la tecnología. Pero aquí hay un problema muy grave. Suma las más de cuatro horas que una persona normal pasa con su móvil a las más de cuatro horas que una persona normal pasa delante del televisor, y te darás cuenta de que la distracción es un trabajo a tiempo completo. Ahora es cuando debemos señalar el —obvio— quinto ingrediente secreto: **Las empresas tecnológicas ganan dinero cuando usas sus productos.** No te ofrecen pequeñas dosis a voluntad; te ofrecen la manguera de los bomberos. Y, si hoy es tan difícil resistirse a esas «piscinas infinitas», más lo será mañana.

Debemos clarificar, pero, que no hay ningún imperio diabólico detrás de todo esto; no creemos que haya un «nosotros contra ellos» donde las empresas tecnológicas, frías y calculadoras, conspiran para manipular a sus desgraciados clientes mientras se ríen como maníacos. Creemos que pensar así es algo reduccionista, y nuestras experiencias nos lo demuestran. Hemos estado dentro de esas compañías, y están habitadas por nerds bienintencionados que quieren que tus días sean mejores. En gran parte, esos nerds hacen justo esto, porque lo mejor de la tecnología moderna *es* increíble, *y* encantadora, y *sí* es verdad que nos hace la vida más fácil y divertida. Cuando usamos el móvil para navegar por una ciudad que no conocemos, o cuando hacemos una videollamada con un amigo, o cuando nos descargamos un libro entero en segundos, parece que tengamos superpoderes.[5]

Pero, por defecto, no recibimos solo lo mejor de la tecnología. Lo recibimos *todo*, a todas horas. Nos llegan los superpoderes futuristas *y* las distracciones adictivas, todo junto, en cada pantalla. Cuanto mejor es la tecnología, más fantásticos serán nuestros superpoderes —y más tiempo y atención nos robarán las máquinas—.

Seguimos creyendo en esos nerds, y esperamos que encuentren maneras creativas para otorgarnos más superpoderes con menos interrupciones. Pero no importa lo que Apple haga a sus iPhones o Google a Android, siempre existirá una competencia atroz para captar tu atención. No debes esperar a que las compañías o los reguladores

---

5   Para una perspectiva diferente, más crítica del lado oscuro de la tecnología, volvemos a recomendarte *Irresistible* de Adam Alter y la página web de Tristan Harris: humanetech.com. Mira nuestras lecturas recomendadas al final del libro.

gubernamentales te devuelvan la concentración. Si quieres tomar el control, eres tú quien debe rediseñar tu relación con la tecnología.

Pon barreras a las distracciones

Los diseñadores de producto como nosotros hemos pasado décadas rompiendo barreras para conseguir que esos productos sean lo más accesibles posible. La clave para llegar al modo Láser y centrarte en tu Prioridad es *reponer esas barreras*.

En las páginas siguientes, te ofreceremos una variedad de tácticas diseñadas para que te resulte más fácil entrar —y permanecer— en modo Láser, desde ajustar tu propio móvil sin distracciones, hasta colocar los muebles de tu salón para que mirar la televisión sea menos fácil.

Todas esas tácticas se basan en la misma filosofía: la mejor manera de derrotar a las distracciones es conseguir que sea más difícil reaccionar a ellas. Solo añadiendo unos pasos que entorpezcan el camino para ir a Facebook, leer las noticias o encender el televisor, podrás provocar un cortocircuito en el ciclo que hace que esos productos sean tan adictivos. Al cabo de unos días, lograrás tener otros predeterminados: pasarás de la distracción a la concentración, de la reacción a la intención y de la saturación al control. Solo es cuestión de crear alguna que otra inconveniencia. Cuando es difícil acceder a la distracción, no tienes que preocuparte por la fuerza de voluntad. Puedes canalizar tu energía para ganar tiempo en lugar de malgastarlo.

Cuando, en lugar de ir y venir entre la distracción y la atención, te sumerges en el modo Láser, no solo estás ganando tiempo para lo más importante, sino que estás ganando tiempo *de calidad*. Cada distracción impone un coste en tu nivel de concentración. Cuando tu cerebro cambia el contexto —por ejemplo, de pintar un cuadro a responder un mensaje de texto y volver al cuadro—, este cambio tiene un coste. Tu cerebro tiene que «cargar» un conjunto de reglas e información en tu memoria funcional. Este proceso de arranque cuesta, como mínimo, unos minutos, y para tareas complejas puede tardar incluso más tiempo. Los dos nos hemos dado cuenta de que necesitamos un mínimo de dos horas escribiendo ininterrumpidamente antes de que saquemos lo mejor de nosotros mismos; a veces incluso requiere varios *días* consecutivos para entrar en «la zona».

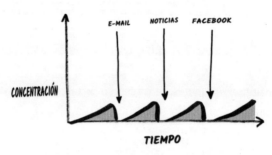

Es como el interés compuesto. Cuanto más tiempo estés centrado en tu Prioridad, más inmerso estarás y mejor trabajarás.

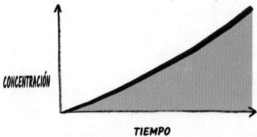

Pero los beneficios del modo Láser no solo tienen que ver con tu Prioridad y contigo mismo. En parte, la razón por la cual estamos tan enganchados a las distracciones es porque *todos los demás* también lo están. Nos referimos al miedo a sentirnos excluidos o FOMO (*fear of missing out* en inglés), y todos lo sufrimos. ¿Cómo vamos a charlar con los compañeros si no hemos visto lo último en series de HBO, o leído los últimos tuits de Trump o estudiado las nuevas funciones del último iPhone? Todo el mundo lo hace, y nadie desea quedarse atrás.

Queremos animarte a que lo mires desde otro prisma: como una oportunidad de destacar, pero de manera positiva. Si cambias tus prioridades, los demás van a notarlo. Tus acciones muestran a los demás lo que realmente te importa. Cuando tus amigos, tus compañeros y tus hijos y familia vean que eres consciente de tu tiempo, les permitirás que se cuestionen el «estar siempre conectados» y les ayudarás a que no se ahoguen en sus «piscinas infinitas». No solo estarás creando tiempo para ti mismo y tu Prioridad; también estarás dando ejemplo a los que te rodean.

A continuación, encontrarás las tácticas Láser: métodos para tener el control de tu móvil, tus aplicaciones, tus bandejas de entrada y tu televisor; además de algunos trucos para llegar al modo Láser y permanecer en él para que puedas disfrutar de tu Prioridad.

Sé tú el jefe de tu móvil

17. Prueba con un teléfono sin distracciones

> Y, sin embargo, sería un alivio que
> no nos preocupara más...
> A veces, creía que era como un ojo
> que me estaba mirando...
> Me di cuenta de que no podía relajarme
> sin tenerlo en el bolsillo.
>
> —BILBO BOLSÓN

Creemos que eliminar el correo electrónico y otras aplicaciones de «piscinas infinitas» de nuestros móviles es el cambio más simple y poderoso que hayamos hecho para recuperar el tiempo y la concentración. Ambos tenemos móviles libres de distracciones desde 2012, y no solo hemos sobrevivido, sino que hemos prosperado, consiguiendo ser más eficaces en nuestro trabajo y, en general, disfrutando más de los días.

Jake
Mi móvil me llamaba desde el bolsillo de la misma manera que el Anillo llamaba a Bilbo Bolsón. Al instante de percibir un ápice de aburrimiento, mi móvil aparecía en la palma de mi mano como por arte de magia. Ahora, sin las «piscinas infinitas», estoy menos inquieto. En esos momentos, cuando antes instintivamente recurría al móvil, me veo forzado a detenerme —y ha resultado que esos momentos no son tan aburridos como parecía—.

JZ

Con un móvil sin distracciones recobro la sensación de tranquilidad a lo largo del día. El ritmo más lento de la atención no solo me ayuda cuando quiero entrar en modo Láser; es también una manera más agradable de pasar el tiempo.

Pero, cuando la gente se da cuenta de nuestro estilo de vida desviado, suele pensar que estamos locos. ¿Por qué no nos compramos un teléfono de concha y así ahorramos dinero?

Bueno, esto es lo que ocurre: incluso cuando te has deshecho de todas las «piscinas infinitas», un teléfono inteligente *todavía* es un dispositivo mágico. Desde los mapas y las rutas, a la música y los *pódcast*, pasando por la agenda y la cámara, hay muchas aplicaciones que mejoran tu existencia diaria sin que lleguen a robarte tiempo.

Y seamos sinceros: pensamos que los teléfonos inteligentes son fantásticos. Además de ser unos frikis del tiempo, también nos encantan los gadgets. En 2007, JZ hizo cola para tener su primer iPhone. Diez años más tarde, Jake se quedó hasta altas horas de la madrugada para pedir el iPhone X el día del lanzamiento. Nos encantan nuestros móviles, lo que pasa es que no queremos todo lo que nos ofrecen, todo el tiempo. Con un móvil sin distracciones podemos hacer retroceder el reloj a un momento (ligeramente) más sencillo en el que era fácil desenchufar y mantener la atención mientras *también* gozábamos de lo mejor de la tecnología moderna.

Por supuesto, un móvil libre de distracciones no es la solución para todo el mundo. Para algunos, la idea de un móvil sin redes sociales, navegadores ni correo electrónico es absurda, y estamos dispuestos a admitir que algunas personas tienen mejor autocontrol del que nosotros tenemos. Puede que no sientas la necesidad constante de sacar tu móvil del bolsillo. Puede que seas tú quien controle totalmente el correo electrónico y las noticias, y no al revés.

Igualmente, creemos que todo el mundo paga *algún tipo* de coste cognitivo por tener al alcance información actualizada constantemente. Puede que no tengas un enorme problema de distracción como lo tenemos nosotros, pero si cambias los ajustes predeterminados de tu móvil es bastante probable que te ayude a estar más concentrado. Así pues, incluso si ya crees que controlas tu móvil, te animamos a que pruebes el modo libre de distracciones como un experimento corto. Es posible que no te enganches, pero te dará la oportunidad de reconsiderar ajustes predeterminados.

Aquí, muy resumido, te mostramos la manera de configurar un móvil libre de distracciones —en maketimebook.com también encontrarás una guía detallada con capturas de pantalla tanto para iPhone como Android—.

1. Elimina las aplicaciones sociales

Primero, elimina Facebook, Instagram, Twitter, Snapchat y continúa así —incluyendo cualquier otra que se haya inventado después de escribir esto—. No te preocupes: si cambias de opinión, es *muy* fácil volver a instalar esas aplicaciones.

2. Elimina las otras «piscinas infinitas»

Cualquier cosa con un suministro infinito de contenido interesante debería ser eliminada. Esto incluye juegos, aplicaciones para últimas noticias y vídeos en continuo como YouTube. Si te ves actualizándolas de manera obsesiva o perdiendo horas sin sentido, deshazte de ellas.

3. Elimina el correo electrónico y tu cuenta

El correo electrónico es una «piscina infinita» muy atractiva *y* la pieza clave del «club de los ajetreados». Además, ya que puede ser difícil escribir buenas respuestas —debido a la limitación de tiempo y a los retos de escribir en una pantalla táctil—, también puede provocar ansiedad. Comprobamos el correo electrónico para estar al día, pero generalmente solo sirve para recordarnos que nos estamos quedando atrás. Elimina el correo electrónico de tu móvil y te quitarás de encima mucho estrés.

Las cuentas de correo electrónico suelen estar muy bien integradas en el dispositivo, así que además de eliminar cualquier aplicación de correo electrónico, puede que quieras ir a los ajustes de tu móvil y eliminar la cuenta de correo electrónico. En tu móvil saltará una notificación extrema («¿Estás *seguro* de que quieres eliminar tu cuenta de correo electrónico?»), pero no te dejes disuadir. Repetimos, si cambias de opinión, solo tienes que volver a introducir la información de inicio de sesión.

4. Suprime el navegador

Por último, tienes que deshacerte de la navaja suiza de las distracciones: el navegador. Es probable que tengas que volver a los ajustes para realizar este cambio.

5. Quédate con todo lo demás

Como hemos dicho anteriormente, hay un gran número de aplicaciones fantásticas que *no* son «piscinas infinitas»: unas que sin duda hacen nuestras vidas mucho más fáciles sin absorbernos en un vórtice de distracción. Los mapas, por ejemplo, tienen una gran cantidad de contenido, pero las personas no solemos explorar mapas de ciudades al azar. Incluso aplicaciones como Spotify y Apple Music son relativamente inofensivas; es verdad, hay un número infinito de canciones y pódcast, pero es probable que no te sientas agobiado por tener la necesidad de navegar por el fondo de catálogo de los Beatles. Lo mismo ocurre con Lyft, Uber y aplicaciones de reparto de comida, de calendarios, de meteorología, de productividad o de viajes. En pocas palabras: si una aplicación es una herramienta o si no te pone nervioso, mantenla.

Repetimos: piensa que tu móvil sin distracciones puede ser solo un experimento; no tienes que comprometerte para toda la vida. Pruébalo durante veinticuatro horas, una semana o, quizás, un mes. Por supuesto, habrá momentos en los que *tendrás* que usar tu correo electrónico o el navegador, y cuando eso ocurra, puedes reactivar las aplicaciones durante cierto tiempo para realizar la tarea que tengas entre manos. La clave aquí es que estarás usando tu móvil de manera intencional —él no te utilizará a ti—. Y, cuando termines la tarea, vuelve a desactivar las aplicaciones.

Creemos que te va a gustar tener un móvil sin distracciones. Como dijo un lector que justo había empezado: «He estado una semana con mi iPhone desactivado, y ha sido MARAVILLOSO. Pensaba que lo echaría más de menos». Otro lector utilizó una aplicación de seguimiento del tiempo para conocer el uso que hacía de su iPhone antes y después de estar en modo libre de distracciones, y el resultado fue sorprendente: «Deshacerme del correo electrónico y de Safari me aleja del móvil, lo que me da unas dos horas y media más diarias, y algunos días incluso mucho más». Es increíble; ¡imagina recuperar una o dos horas al día con ese simple cambio!

Lo más gratificante de un móvil sin distracciones es retomar las riendas de tu vida. Una vez controlas los predeterminados, eres el jefe de tu vida. Y así es cómo debería ser.

18. Cierra la sesión

Escribir tu nombre de usuario y tu contraseña es molesto, así que las páginas web y las aplicaciones se aseguran de que no tengas que hacerlo muy a menudo. Intentan que permanezcas conectado, dejando la puerta abierta para las distracciones.

Pero puedes cambiar ese ajuste predeterminado. Cuando termines de usar el correo electrónico, Twitter, Facebook o lo que sea, cierra la sesión. Esta opción está disponible en todas las páginas web y también en cada aplicación de todos los teléfonos inteligentes. Puede que no sea fácil, pero siempre se puede hacer. Y la próxima vez que te pregunten si quieres «recordarme en este dispositivo», no hagas clic.

JZ

Cerrar sesión no era suficiente para mi cerebro, que cae en la distracción con facilidad. Así que compliqué esta táctica cambiando mis contraseñas a algo muy loco, engorroso de escribir e imposible de recordar. A mí me gusta e$yQK@ iYu, así soy yo. Guardo mis contraseñas en una aplicación de gestión de contraseñas por si necesito iniciar sesión en alguna de ellas, pero es molesto hacerlo intencionalmente. Recuerda, añadir obstáculos es clave para evitar las «piscinas infinitas» y permanecer, así, en modo Láser.

19. Di «no» a las notificaciones

Este personaje no me acaba de gustar. Él no hace más que gritar...
Callado como un ratón, este me gusta un montón.

—DR. SEUSS

Los creadores de aplicaciones son muy pesados cuando se trata de enviar notificaciones. ¡No tienen la culpa! Todas las otras aplicaciones lo hacen. Y con todo lo demás gritándote al oído para captar tu atención, si no se hacen pesados, ¿cómo ibas a acordarte de que esa aplicación existe? Probablemente, solo la utilizarías cuando la *necesitaras*. ¡Qué vergüenza![6]

Las notificaciones no son amigas tuyas. Son ladronas de la atención que nunca paran. Tanto si intentas tener un móvil sin distracciones o como si no, como mínimo deberías **apagar casi todas las notificaciones.** Te lo mostramos:

1. Ve a los ajustes de tu móvil, encuentra la lista de notificaciones y apágalas una a una.

2. Deja solo las que son realmente críticas y útiles, como por ejemplo los recordatorios de la agenda y los mensajes de texto.

3. Asegúrate de desactivar las del correo electrónico y las de los mensajes instantáneos. *Parece* que esas alertas son críticas, lo que las hace más insidiosas; pero la verdad es que la mayoría de nosotros podemos vivir sin ellas. Intenta dejar solo una para que la gente pueda interrumpirte con cosas que estén condicionadas por el tiempo —los mensajes de texto, por ejemplo—.

4. Siempre que una aplicación pregunte: «¿Te parece bien que te enviemos notificaciones?», selecciona «No».

---

6 Por si no lo habéis captado, estamos siendo sarcásticos.

5. Pruébalo durante unas cuarenta y ocho horas o una semana. Observa cómo te encuentras.

Cuando deshabilitas las notificaciones enseñarás a tu móvil cómo comportarse. Lo transformarás de un bocazas y cotorra imparable a un portador educado de noticias importantes —en el tipo de amigo que querrías en tu vida—.

20. Vacía la pantalla de inicio

Tu móvil está diseñado para ser rápido. Escanea tu cara o la huella dactilar, y ya estás dentro. Además, la mayoría de la gente tiene sus aplicaciones favoritas en la pantalla de inicio para facilitar el acceso directo. *Escanea, pulsa, ¡app!* Este proceso tan sencillo es genial cuando estás conduciendo; pero cuando intentas entrar en modo Láser, es una autopista hacia las distracciones.

Para ralentizar un poco las cosas, intenta vaciar la pantalla de inicio. Desplaza todos los iconos a la pantalla siguiente —y de la segunda a la tercera, etc.—. No dejes nada en la primera pantalla, excepto una bonita imagen como fondo de pantalla.

Una pantalla de inicio vacía te da un instante de paz cada vez que usas tu móvil. Es un obstáculo intencional, una pequeña pausa —un bache que te aleja un paso de las distracciones—. Si abres el móvil

MAKE TIME

como un reflejo, una pantalla de inicio vacía te ofrece un momento para preguntarte: «*¿De verdad* quiero que algo me distraiga ahora?».

Jake
Me gusta ir un poco más allá y tener solo una fila de aplicaciones en cada pantalla (ver página 102). Es muy probable que sea porque soy un friki total, pero la simplicidad me tranquiliza, y siento que tengo el control.

21. Ponte un reloj de pulsera

En 1714, el Gobierno británico ofreció un premio de 20.000 libras (equivalen a unos 5 millones de dólares en 2018) para quien inventara un reloj portable que pudiera usarse a bordo de las embarcaciones. Hicieron falta casi cincuenta años y docenas de prototipos hasta que al final, en 1761, John Harrison creó el primer «cronómetro». Era una maravilla tecnológica que cambió el mundo, aunque a duras penas era portable: el reloj tenía que estar sujeto a un mueble especial y estar bajo cubierta para el viaje inaugural a través del océano Atlántico a bordo del HMS *Deptford*.[7]

---

7 Antes del cronómetro, los barcos no tenían forma de contar las horas —y, como resultado, de saber la posición este-oeste— en los viajes largos. El histórico viaje de ese cronómetro cruzando el Atlántico a bordo del *Deptford* fue un éxito rotundo: el navegador del buque predijo el arribo con menos de una milla de error.

Hoy en día puedes comprarte un reloj portable —es decir, un reloj de cuarzo digital de pulsera— por unos diez dólares. Siempre es preciso. Pesa poco y es resistente al agua. Puede despertarte de la siesta o recordarte que saques la cena del horno. Es una pieza de tecnología maravillosa.

Pero a nosotros nos gusta llevar relojes por un motivo muy distinto: un reloj de pulsera sustituye la necesidad de comprobar tu móvil cada vez que quieres saber la hora. Y, si te pareces a nosotros, una ojeada rápida a tu móvil para saber la hora te suele llevar a una «piscina infinita», en especial cuando hay una notificación en la pantalla. Si llevas un reloj, puedes alejar de la vista tu móvil. Y, cuando está lejos de la vista, es más fácil ignorarlo.

JZ

En 2010 compré de oferta un sencillo Timex en una tienda de deportes para ponérmelo para navegar. Pero una vez que me lo puse, no quería quitármelo. Ese reloj de 17 dólares era tan útil —en muchos aspectos, mucho más que un teléfono inteligente— porque su pantalla nunca se rompía y la batería nunca se agotaba.

22. Deja los dispositivos

Dos veces por semana, nuestro amigo Chris Palmieri deja el ordenador portátil y el móvil en la oficina y regresa a casa sin dispositivos. Chris dirige una agencia de consultoría en Tokio, pero esos días por la noche no puede comprobar su correo electrónico. Ni siquiera puede enviar mensajes. Hasta que vuelve al trabajo al día siguiente está desconectado.

¿Algún inconveniente? Desde luego. Pero Chris dice que el aislamiento temporal se compensa con una concentración y un sueño mejorados. Las noches sin dispositivos se va a la cama antes —a las 23:30 en lugar de la 1:00 de la madrugada—, duerme más profundamente y rara vez se levanta en medio de la noche. Incluso a la mañana siguiente se acuerda de lo que ha soñado... y creemos que eso es algo bueno.

Dejar los dispositivos es una táctica útil cuando quieres crear tiempo para una Prioridad «desconectada», como leer para tus hijos o trabajar en un proyecto manual. Pero, si te aterra la idea de dejar el móvil en la oficina —o si tienes una necesidad legítima y debes usarlo, como por ejemplo para poder ser contactado en caso de urgencia—, puedes aplicar el principio de la separación de los dispositivos con métodos menos extremos. En lugar de tener tu móvil al lado cuando llegues a casa, ponlo en un cajón o en una estantería; o mejor, guárdalo en tu bolso o maletín y enciérralo en el armario.

JZ

Cuando estoy fuera, por lo general, tengo el móvil dentro del maletín. Y, cuando regreso a casa, lo guardo en una estantería y hago mi vida normal. A veces me olvido del móvil durante horas. Es un pequeño recordatorio de que la vida continúa sin mi móvil.

Aléjate de las «piscinas infinitas»

23. Pasa la mañana sin conectarte

Cuando te levantas por la mañana, tanto si has dormido cinco horas como diez, has estado sin el «club de los ajetreados» y sin las «piscinas infinitas» un buen rato. Ese es un momento muy especial. El día empieza de cero, tu cerebro está descansado y *todavía no tienes ninguna razón para sentirte distraído.* Ninguna noticia que te estrese, ningún correo electrónico del trabajo por el que preocuparte.

Disfrútalo. No vayas al correo electrónico, a Twitter, a Facebook o a las noticias enseguida. Es muy tentador iniciar sesión a primera hora de la mañana y conocer las últimas noticias; al fin y al cabo, siempre hay *algo* que cambia durante la noche. Pero, tan pronto como enciendes esa pantalla, empiezas un tira y afloja de atención entre el momento presente y todo lo que hay en internet.

Déjalo para más tarde. Cuanto más pospongas la conexión —hasta las 9:00 o las 10:00 de la mañana, o incluso hasta después de comer— más conservarás la sensación de tranquilidad y más fácil será entrar en modo Láser.

JZ

Pasar la mañana sin conectarme es esencial para mi rutina matinal (descrita en la táctica #14). La mañana es el momento ideal para la Prioridad, que generalmente lo paso delante del ordenador. Así que cada noche me hago un favor a mí mismo y cierro todas las pestañas del navegador (#26), además de cerrar las sesiones de Twitter y Facebook (#18). De esta manera, después de levantarme y tomarme un café, estoy listo para empezar con mi Prioridad sin distracciones.

24. Bloquea la criptonita de la distracción

Casi todos tenemos una «piscina infinita» especialmente poderosa a la que no podemos resistirnos. La llamamos «la criptonita de la distracción». Del mismo modo que la criptonita supera a Supermán, la criptonita de la distracción vence nuestras defensas y sabotea nuestros planes. Tu criptonita de la distracción puede ser algo tan obvio y común como Facebook o, si eres tan raro como JZ, puede ser un grupo de Yahoo para aficionados a los veleros. Esta es una prueba de fuego: si después de pasar unos minutos —o, más probable, unos minutos que se convierten en una hora— en esta página web o aplicación tienes remordimientos, seguro que se trata de criptonita.

Hay varias maneras de bloquear la criptonita, dependiendo de lo serio que te lo tomes y de lo seria que sea tu adicción. Si tu criptonita es una red social, el correo electrónico o cualquier cosa que requiera una contraseña, cerrar la sesión debería ser suficiente para retrasarte (#18). Si tu criptonita es una página web específica, puedes bloquearla o incluso cerrar internet mientras estás en modo Láser (#28). Si tienes que ir más lejos, intenta borrar la aplicación, la cuenta o el navegador de tu móvil (#17).

Un lector llamado Francis nos contó su experiencia a la hora de bloquear su criptonita, *Hacker News*, una página web llena de historias sobre empresas emergentes tecnológicas. Cuando la bloqueó, decía Francis, echaba de menos los artículos interesantes y las discusiones inteligentes de los comentarios de la página web. Pero el premio fue un impulso sorprendente en su bienestar emocional: «Ya no estoy actualizando la página cuarenta veces al día, ni comparándome con emprendedores de éxito».

Otra lectora llamada Harriette nos contó una historia más extrema. Su criptonita era Facebook, y para ella era más que una distracción —era una adicción dañina—. «Estaba enganchada a mi móvil como con pegamento, en un estado constante de ansiedad que me empujaba a responder a todos y cada uno de los mensajes. Mi lugar de trabajo está a la vista, e incluso había dejado de fingir que estaba trabajando».

Harriette se dio cuenta de que no podía continuar así —Facebook le había quitado la vida—. Así que decidió dejarlo durante una semana y borró la aplicación de todos sus dispositivos. Fue todo un reto, por supuesto, pero cuando la semana terminó, no quiso volver. «Solo la idea de volver a las redes sociales me repugnaba, así que decidí alargarlo una semana más. Dos semanas se convirtieron en dos meses y ahora ya son diez meses».

Es cierto que dejar Facebook tiene sus inconvenientes. Muchos de sus amigos coordinaban encuentros a través de Facebook y no hacían excepciones. «Estaba completamente fuera del circuito. Solo tengo contacto con estos amigos cuando soy yo quien inicio los planes —solo unas cuantas veces en los pasados meses—».

Pero, aun así, no volvió. «A pesar de las consecuencias, soy mucho más feliz ahora. Muchísimo más. Cuando toqué fondo, parecía que había perdido el control de mi cerebro. No hay ninguna red social o ninguna manera fácil de organizar eventos que pueda competir con la sensación de volver a tener el control sobre mi mente».

Harriette descubrió que, sin Facebook, mientras perdía algunas amistades, otras se fortalecían. Las personas que de verdad querían estar con ella —o aquellos a quien ella realmente quería ver— encontraron la manera de contactar con ella: por teléfono, correo electrónico o mensajes de texto. «No estoy del todo incomunicada», dice Harriette, «pero no tengo intención de volver a ninguna "piscina infinita" por el momento».

Es cierto que la experiencia de Harriette con Facebook es un ejemplo extremo, pero hemos visto innumerables historias similares. Cuando te alejas de tu criptonita de la distracción, puede ocurrir una sensación real de catarsis —de alegría, alivio y libertad—. Tenemos miedo a sentirnos excluidos del círculo, pero una vez estamos fuera, nos damos cuenta de que, en realidad, es agradable.

25. Ignora las noticias

Puedo encontrar todas las noticias que necesito
en la previsión meteorológica.

—PAUL SIMON, *THE ONLY LIVING BOY IN NEW YORK*

Todo el concepto de las noticias de última hora funciona a partir de un mito muy potente: necesitas saber qué ocurre en todo el mundo, y necesitas saberlo *ahora*. La gente inteligente sigue las noticias. La gente responsable sigue las noticias. Los adultos siguen las noticias. ¿Verdad?

Nosotros tenemos nuestra propia noticia de última hora: no tienes por qué seguir las noticias del día. Las noticias de última hora de verdad te encontrarán a ti; el resto o no es urgente o no importa.

Para que lo entiendas, mira las noticias de hoy. O visita tu página web de noticias preferida. Lee los titulares principales y reflexiona acerca de cada uno. ¿Este titular cambiará alguna de mis decisiones hoy? ¿Cuántos de estos titulares serán obsoletos mañana, la semana que viene o el mes que viene?

¿Cuántos de estos titulares están diseñados para provocar ansiedad? «Si hay sangre, vende» ya es un cliché de las redacciones, pero es verdad. La mayoría de las noticias son malas noticias, y ninguno de nosotros podemos hacer caso omiso al bombardeo de historias sobre conflictos, corrupción, crimen y sufrimiento humano sin que pase factura a nuestro estado de ánimo o a nuestra capacidad para concentrarnos. Incluso leer las noticias una vez al día es una distracción persistente y que provoca ansiedad e indignación.

No te estamos diciendo que debes cortar de raíz. En lugar de esto, te sugerimos que leas las noticias una vez por semana. Si lo haces con menos frecuencia, podrás sentirte como si estuvieras solo en alta mar, desamarrado de la civilización. Si lo haces con más frecuencia, te sentirás como en una neblina, capaz de concentrarte solo en lo que está delante de ti. La niebla puede obscurecer las actividades y a las personas importantes que quieres priorizar con mucha facilidad.

JZ ha estado usando la estrategia de mirar las noticias semanalmente desde 2015. Él prefiere *The Economist*, una revista semanal que resume los acontecimientos más importantes en unas sesenta u ochenta páginas repletas de información; pero también puedes considerar otro semanal como *TIME*, o puedes suscribirte a un dominical. Puedes incluso programarte un horario para sentarte y navegar por tus páginas web favoritas. Sea lo que sea que escojas, lo más importante es que desconectes del ciclo de las noticias 24/7. Puede resultar difícil ignorar esta distracción, pero también es una magnífica oportunidad para ganar tiempo —y reservar energía emocional— para lo que realmente importa en tu vida diaria.

JZ

Solía sentirme culpable cuando no leía las noticias a diario. Después de considerarlo mucho, me percaté de que hay tres categorías de cosas de las que quiero saber lo que ocurre. En primer lugar, quiero conocer las tendencias en el ámbito económico, político, empresarial y científico. En segundo lugar, y quizá sea un poco egoísta, me interesan los temas que me afectarán directamente, como por ejemplo un cambio en la política sanitaria. Y, en tercer lugar, quiero estar informado de las oportunidades que puedo tener de ayudar a los demás —por ejemplo, ante un desastre natural—. Luego me di cuenta de que no necesito leer las noticias *del día* para estar al corriente de todo eso. Entre leer *The Economist*, escuchar un pódcast de noticias semanal con mi pareja y escuchar las conversaciones diarias de la gente en la ciudad, tengo más que suficiente. Y, si creo que necesito actuar, solo tengo que investigar más.

26. Recoge tus juguetes

Tu vida de verdad empieza cuando pones tu casa en orden.

—MARIE KONDO

Imagínate esto: te dispones a trabajar en tu Prioridad. Puede ser escribir un relato corto o una propuesta que tienes que terminar para la oficina. Así que tomas tu ordenador, lo abres, introduces la contraseña y... «¡MÍRAME! ¡MÍRAME! ¡MÍRAME!». Cada pestaña del navegador te llama. Tu correo electrónico se actualiza automáticamente para mostrarte una docena de mensajes nuevos. Facebook, Twitter, CNN... te envían titulares y las notificaciones inundan tu pantalla. Todavía no puedes empezar con tu Prioridad —primero tienes que prestar atención a esas pestañas y mirar qué hay de nuevo—.

Y ahora imagínate esto: tomas tu ordenador, lo abres y luego... ves una fotografía espléndida en tu pantalla y no hay nada más. Ningún mensaje. Ninguna pestaña del navegador. Ayer cerraste sesión del correo electrónico y del chat, pensando que, si surge algo urgente durante la noche, alguien te llamará o te enviará un mensaje. El silencio es maravilloso. Estás listo para darlo todo.

Reaccionar ante lo que se encuentra delante de ti es siempre más sencillo que hacer lo que pretendías hacer. Y luego te están mirando directamente a la cara tareas como comprobar el correo electrónico, responder el chat y leer las noticias *parecen* ser urgentes e importantes, pero en realidad pocas veces lo son. Si quieres llegar al modo Láser más rápido, te recomendamos que recojas tus juguetes.

Esto significa cerrar sesión de aplicaciones como Twitter y Facebook, cerrar las pestañas extra y cerrar el correo electrónico y el chat al final del día. Como un niño bien educado, recógelo todo cuando hayas terminado. Puedes ir un paso más allá ocultando la barra de favoritos de tu navegador —sabemos que allí tienes un par de «piscinas infinitas»— y configura los ajustes de tu navegador para que tu pantalla de inicio sea discreta —un reloj, por ejemplo— en lugar de algo ruidoso —como una colección de páginas que visitas con regularidad—.

Piensa en los dos minutos que tardas en volver a ponerte a tono como una pequeña inversión para tu habilidad futura de ser proactivo —en lugar de reactivo— con tu tiempo.

27. Vuela sin wifi

Como te encuentras literalmente atado a una silla, siempre he pensado que los aviones son el lugar ideal para escribir y leer y dibujar y pensar mucho.

—AUSTIN KLEON

Una de nuestras experiencias favoritas al subirnos a un avión —aparte del mero asombro de estar volando por el aire— es la concentración forzada. Durante el vuelo, no hay dónde ir ni nada que hacer; e incluso, si lo hay, la señal de permanecer con el cinturón abrochado te obliga a tener el trasero en el asiento. El extraño universo paralelo de una cabina de avión puede ser la oportunidad ideal para leer, escribir, tejer, pensar o simplemente aburrirse —en el buen sentido—.

Pero, incluso en un avión, tienes que cambiar un par de predeterminados para ganar tiempo. En primer lugar, si tu asiento tiene pantalla, apágala cuando te sientes. En segundo lugar, si tu avión tiene wifi, no pagues para tenerlo. Cuando entres al avión haz estas dos cosas: abróchate el cinturón de seguridad y disfruta del modo Láser a 35.000 pies.[8]

Jake

Durante mi década en Google viajé mucho, pero me prometí a mí mismo que no trabajaría durante el vuelo. Decidí que el tiempo en el avión sería mi tiempo, y lo dediqué a escribir. En diez años escribí mucha ficción de aventuras mientras volaba, lo que resultó muy gratificante. Además, mis compañeros nunca se quejaron de que estuviera desconectado. Puede que pensaran que había algún fallo en el satélite o que estaba charlando con el vecino de al lado. O puede que, como yo, entendieran la magia de estar en un vuelo sin conexión.

28. Pon un temporizador para internet

Cuando éramos niños, accedíamos a internet con una conexión por marcación a través de una línea telefónica —de locos, ¿verdad?—. La velocidad de descarga era muy lenta, y pagábamos por horas. Era un fastidio.

Pero la conexión por marcación tenía una gran ventaja: nos obligaba a ser intencionales. Si estábamos dispuestos a hacer todo el proceso para conectarnos, era porque teníamos muy claro lo que queríamos

---

8   Esta táctica da por supuesto que no viajas con niños. Si los tienes, buena suerte, necesitarás todas las distracciones que estén a tu alcance.

hacer. Y, cuando por fin conseguíamos conectarnos, debíamos estar centrados en lo que hacíamos para no malgastar dinero.

Hoy, internet —siempre conectada, superrápida— es algo maravilloso, pero también es la mayor «piscina infinita» del mundo entero. Puede resultar muy difícil mantenerse en modo Láser cuando sabes que las posibilidades sin fin de internet están a unos milisegundos. Pero internet no *tiene* por qué estar conectada todo el rato. Es solo un ajuste predeterminado. Cuando es hora de estar en modo Láser, intenta apagar internet. Los métodos más sencillos son desenchufar el wifi de tu ordenador o poner el móvil en modo avión. Pero estos métodos también son muy sencillos de *deshacer*. Es mucho más efectivo que tú mismo te bloquees.

Hay muchas herramientas de software para bloquear temporalmente internet. Puedes encontrar extensiones de navegadores y otras aplicaciones para limitar el tiempo que estás en unas páginas web específicas, o para desconectarlo todo durante un tiempo predeterminado. Van saliendo nuevas versiones de estas herramientas a todas horas; puedes encontrar nuestras favoritas en maketimebook.com.

También puedes cortar el wifi de raíz. Solo tienes que enchufar el rúter a un simple temporizador —como el que usas para engañar a los ladrones encendiendo y apagando las luces cuando te vas unos días— y ajústalo para que se desconecte a las 6:00 de la tarde, a las 9:00 o a la hora que quieras entrar en modo Láser para trabajar en tu Prioridad.

O podrías comprarte también un DeLorean de segunda mano, instalas un condensador de flujo, te haces con algo de plutonio y viajas hasta el año 1994 para gozar de la conexión por marcación pura y dura. Pero créenos, el temporizador es mucho más fácil de usar.

Jake

En la página 73, describo cómo consigo ganar tiempo para mi Prioridad durante la noche. Eso sucedía cuando escribí gran parte de *Sprint* y mi novela de aventuras. Y no lo habría conseguido nunca sin un temporizador.

Cada vez que me sentaba para escribir al atardecer, internet me distraía. Para mí, los culpables principales son las noticias deportivas y el correo electrónico. ¿Empiezo a escribir... o miro rápidamente las noticias de los Seahawks? ¿Reviso aquel párrafo? Uf, demasiado difícil... voy a abrir el correo electrónico... Hmm, una notificación de LinkedIn... Voy a archivarla... ¡Clic!

De clic en clic ya había perdido la voluntad y el tiempo para escribir. Después de que pasaran dos horas sin darme cuenta, me iba a la cama, con remordimientos porque me había quedado despierto hasta tarde por nada. Finalmente me di cuenta de que, si de verdad quería terminar cosas durante la noche, debía o bien tener más control sobre mí mismo —ni en sueños— o apagaba internet. Con esto en mente, compré un temporizador de 10 dólares, lo programé para que se apagara a las 9:30 de la noche y enchufé allí el rúter.

Increíble. A las 9:30, los niños ya dormían y las tareas de la casa ya estaban terminadas. El temporizador hacía clic. Y... así de fácil, ya no había ni bandeja de entrada ni Seahawks. Ni Netflix, ni Twitter ni MacRumors. Mi ordenador se convertía en una isla desierta y, por Dios, era precioso.

29. Cancela internet

Una lectora que se llama Chryssa nos envió una táctica extrema para entrar en modo Láser: no tiene *ningún* servicio de internet en casa. Así es, sin internet. Sí. ¡Vaya! Y los resultados de Chryssa hablan por sí solos. Desde que nos habló de su táctica, ha usado el tiempo sin distracciones para escribir ficción, diseñar un frasco para pastillas y ha inventado una línea de juegos. Está concentrada y es prolífica.

Cancelar internet no es *tan* extremo como suena, porque todavía puedes conectarte a la red usando tu móvil como punto de acceso wifi. Pero esto es un poco lento, algo caro y muy engorroso. Como decía Chryssa, «Esto requiere batallar con los ajustes de dos dispositivos, y este pequeño inconveniente es suficiente para dejarlo el noventa y nueve por ciento de las veces».

¿Estás intrigado pero no estás preparado para cancelar el servicio? Para probar esta táctica sin tener que comprometerte por completo, pide a un amigo bien valiente que cambie tu contraseña del wifi y que la mantenga en secreto durante veinticuatro horas.

30. Vigila los cráteres del tiempo

Cuando Jake era pequeño, su familia hizo una excursión a un lugar llamado el Cráter del Meteorito, Arizona. No es solo un nombre bonito; es un cráter real ocasionado por un meteorito en medio del desierto. Decenas de miles de años atrás, un pedazo de roca de 150 pies de ancho impactó contra la superficie terrestre, causando un cráter de casi una milla de diámetro. El joven Jake imaginó la fuerza del impacto. ¡El cráter es treinta veces mayor que el tamaño del meteorito! Es una locura pensar que un objeto tan pequeño pudiera causar un agujero tan grande.

O puede que no sea una locura. Después de todo, es lo que nos ocurre a diario. Las pequeñas distracciones crean agujeros mucho mayores en nuestro día a día. Llamamos a estos agujeros los «cráteres del tiempo», y funcionan así:

- Jake publica un tuit (90 segundos).
- Al cabo de dos horas, Jake habrá vuelto a Twitter cuatro veces para ver las reacciones de su tuit. Cada vez hojeará las últimas entradas. Leerá dos artículos que se han compartido (26 minutos).
- El tuit de Jake ha sido retuiteado unas cuantas veces, lo que le agrada, así que empieza a componer mentalmente su próximo tuit (2 minutos aquí, 3 minutos allí, y va sumando).
- Jake publica otro tuit, y el círculo vuelve a empezar.

Un minúsculo tuit puede crear un cráter de treinta minutos al día con facilidad, y esto es sin contar los costes de cambiar entre tareas. Cada vez que Jake deja Twitter y vuelve a su Prioridad, tiene que recargar todo el contexto en su cerebro antes de poder entrar en modo Láser.[9] Así que ese cráter podría ser más bien de cuarenta y cinco minutos, una hora, o incluso más.

Pero no son solo las «piscinas infinitas» las que crean cráteres del tiempo. También hay que tener en cuenta el tiempo de recuperación. Los quince minutos de una «comida rápida» pueden costarte unas tres horas más de «coma alimentario». Estar despierto mirando la televisión puede costarte una hora menos de sueño y todo un día con poca energía. Y también se pierde el tiempo por anticipado: cuando no empiezas tu Prioridad porque tienes una reunión dentro de treinta minutos, aquí tienes otro cráter del tiempo.

¿Dónde están tus cráteres del tiempo? Esto tienes que verlo tú mismo. No puedes evitarlos todos, pero sí puedes esquivar algunos de ellos; y, cada vez que lo hagas, ganarás tiempo.

---

9 En uno de nuestros estudios preferidos, Gloria Mark, de la Universidad de California en Irvine, descubrió que las personas tardamos veintitrés minutos y quince segundos en volver a una tarea después de una interrupción.

31. Cambia las victorias falsas por las verdaderas

Actualizar Facebook y compartir tuits y fotos en Instagram puede crear cráteres del tiempo, pero son peligrosos por otra razón: son victorias falsas.

Contribuir a una conversación en internet nos parece un logro, y nuestro cerebro nos dice: «¡Hemos hecho algo!». Pero el 99 % del tiempo esas contribuciones son insignificantes. Y tienen su coste: absorben el tiempo y la energía que podrías haber usado para tu Prioridad. Las victorias falsas se interponen cuando quieres concentrarte en algo que quieres realizar.

Igual que los cráteres del tiempo, las victorias falsas son de todo tipo. Actualizar una hoja de cálculo es una victoria falsa si te ayuda a procrastinar otro proyecto más difícil pero más importante que habías elegido como Prioridad. Limpiar la cocina es una victoria falsa si agota el tiempo que querías pasar con tus hijos. Y el correo electrónico es una fuente sin fin de victorias falsas. Comprobar el correo *siempre* nos parece un logro, incluso cuando no hay nada de nuevo. «¡Bien, lo tengo todo bajo control!», nos dice nuestro cerebro.

Cuando llegue la hora de entrar en modo Láser, recuérdate a ti mismo: tu Prioridad es la victoria verdadera.

32. Convierte las distracciones en herramientas

Las «piscinas infinitas» como Facebook, Twitter, el correo electrónico y las noticias son distracciones, pero esto no significa que no tengan un valor. Todos empezamos a usarlas por alguna razón. Es verdad que, llegados a cierto punto, un hábito se arraigó, y comprobar esas aplicaciones se convirtió en un predeterminado. Pero, debajo de esta rutina automática, hay alguna utilidad y algún propósito reales para cada «piscina infinita». El truco es saber usarlas con un propósito, no hacerlo sin pensar.

Cuando te centras en el propósito de una aplicación, eres capaz de cambiar tu relación con ella. En lugar de reaccionar ante un desencadenante, un recordatorio o una interrupción, puedes usar de manera proactiva tus aplicaciones preferidas —incluso las «piscinas infinitas» que tanto te distraen— como herramientas. Te mostramos cómo hacerlo:

1. Empieza por identificar *por qué* usas una aplicación. ¿Es solo por entretenimiento puro? ¿Es para estar en contacto con tu familia y tus amigos? ¿Es para estar al día de algún tipo de noticias importantes? Y, si es así, ¿añade valor a tu vida?

2. A continuación, piensa cuánto tiempo —diario, semanal, mensual— quieres invertir en esa actividad. Y considera si esa aplicación es la mejor manera de realizarla. Por ejemplo, puede que uses Facebook para no perder el contacto con tu familia, pero ¿es de verdad la mejor manera de hacerlo? ¿No sería mejor llamarlos?

3. Finalmente, considera cuándo y cómo te gustaría usar esa aplicación para conseguir tu objetivo. Quizás te des cuenta de que puedes leer las noticias una vez por semana (#25), o que prefieres comprobar tu correo electrónico al final del día (#34). O a lo mejor decides que solo quieres usar Facebook para compartir las fotos de tu bebé. Una vez que lo hayas decidido, muchas de las tácticas del método Make Time te ayudarán a activar tu plan restringiendo el acceso a esas aplicaciones en otras ocasiones.

JZ

Pasaba demasiado tiempo en Twitter hasta que decidí concebirlo como una herramienta. Decidí que quería usarlo para difundir mi trabajo y responder a las preguntas de los lectores. Pero para hacer solo esto no necesitaba demasiado tiempo, y tampoco necesitaba leer todas las entradas. Ahora solo uso Twitter desde el ordenador —no desde el móvil— y me limito a treinta minutos al día. Para aprovechar este tiempo, voy directamente a la pantalla de las notificaciones —a través de la URL—, evitando así la página principal que tanto distrae. Cuando he terminado, cierro la sesión (#18) hasta que llegue el tiempo para Twitter del día siguiente.

Jake

Tengo menos autocontrol que JZ, así que utilizo una función del navegador para limitarme a solo *cuatro* minutos al día, combinando Twitter y las páginas web de noticias. Esta restricción me ha enseñado a moverme con rapidez. Un par de veces a la semana, deshabilito la función y tomo el tiempo necesario para contestar a los mensajes importantes… y, bueno, para leer algún que otro tuit (como siempre, puedes visitar maketimebook.com para nuestras recomendaciones de software).

33. Sé un aficionado pasivo

¿Cuánto tiempo se tarda en convertirse en hincha de un equipo? Bien, ¿cuánto tienes? Hoy en día es posible mirar cada partido que tu equipo juega en la pretemporada, la temporada y las eliminatorias, así como cada partido que *cualquier otro* equipo juegue, y todo eso desde tu sofá. Hay un suministro sin límites y, a lo largo del año, de noticias, rumores, intercambios, preselecciones, blogs y proyecciones. Es un sin parar. Podrías pasarte las veinticuatro horas poniéndote al día y aún así no lo conseguirías.

El mundo de los fans no solo te quita tiempo; te quita energía emocional. El que tu equipo pierda es un fastidio —te puede machacar y gastar tu energía durante horas e incluso días—.[10] Y, aunque tu equipo gane, la euforia crea un cráter del tiempo (#30), ya que te succiona para hacerte mirar las mejores jugadas y leer los análisis pospartido.

Los deportes tienen un gran poder de atracción. Satisfacen una necesidad innata tribal. Crecimos viendo partidos con nuestros padres, familiares y amigos. Hablamos de deportes con compañeros y desconocidos. Cada partido y cada temporada tienen una trayectoria impredecible, pero —al contrario que la vida real— todos terminan con un resultado final de ganador o perdedor que nos resulta profundamente gratificante.

No te estamos pidiendo que lo dejes todo. Solo te proponemos que salgas del lado oscuro y que te conviertas en un aficionado pasivo. Mira los partidos solo en ocasiones especiales, como cuando tu equipo está en las eliminatorias. Para de leer las noticias cuando haya perdido. Puedes seguir amando a tu equipo empleando el tiempo en otra cosa.

---

10   Tres meses después de que los Seattle SuperSonics perdieran ante los Denver Nuggets en las eliminatorias de la NBA de 1994, Jake todavía tenía dificultades para hablar del tema sin echarse a llorar.

JZ

Mi abuela Katy creció en Green Bay, Wisconsin. El entrenador de fútbol americano de su padre en el instituto se llamaba Earl «Curly» Lambeau. Los aficionados de la NFL reconocerán su nombre: los Green Bay Packers juegan en un estadio llamado Lambeau Field, y el mismo Curly fue uno de los fundadores del equipo. Mucho antes de la era del fútbol-para-la-televisión, mi abuela era animadora de los Packers —del instituto Green Bay East, donde estudiaba—.

Entenderás que ser un seguidor de los Packers está en mi ADN, y que esto hace que ser un aficionado pasivo me resulte especialmente difícil. Así que me lo planteo desde otra perspectiva: me centro en las partes más divertidas de lo que representa ser un seguidor de los Packers. Para mí, esto significa mirar los partidos con amigos —a poder ser comiendo un *bratwurst* y bebiendo cerveza—, y una vez cada dos años ir al gélido Lambeau Field para verlos jugar.

Podría pasar más tiempo siguiendo a los Packers. Podría leer las noticias del equipo y analizar a los jugadores principales. También podría disfrutar de la temporada de fútbol *un poquito* más, pero me tomaría *mucho* tiempo más. En lugar de eso, me centro en lo más destacado, en lo que más alegría me aporta, y dedico el resto del tiempo a otras cosas que importan.

Ralentiza tu bandeja de entrada

Creíamos que tener una bandeja de entrada vacía era la marca distintiva de la productividad. Durante años, inspirados por expertos como David Allen y Merlin Mann, nuestro objetivo diario era procesar cada uno de los mensajes que recibíamos. Jake fue más allá e incluso creó un curso de gestión del correo electrónico en Google para formar a cientos de compañeros en el arte de conseguir tener una bandeja de entrada vacía.

La técnica de la bandeja de entrada vacía se basa en la lógica: si despejas tus mensajes, no te distraerán mientras trabajas. Si están fuera de la bandeja de entrada, estarán fuera de tu mente. Y la técnica funciona bien si solo recibes unos cuantos correos electrónicos al día. Pero, como la mayoría de los trabajadores de oficina, tenemos mucho más que unos cuantos al día. Con el tiempo, nuestro correo electrónico tomó vida propia. Se suponía que debíamos despejarlo para poder trabajar, pero en lugar de eso, la mayoría de los días, el correo electrónico *era* el trabajo.[11] Era un ciclo vicioso: cuanto más rápido contestábamos, más respuestas obteníamos y más exigentes nos volvíamos esperando respuestas inmediatas.

Cuando empezamos a buscar tiempo para nuestras prioridades, nos percatamos de que debíamos parar esa manera frenética de procesar el correo electrónico. Así que en los últimos años hemos puesto el freno en nuestras bandejas de entrada. No resulta fácil. Pero, si quieres entrar en modo Láser y terminar tu Prioridad, te recomendamos que te unas a nosotros en la batalla y que ralentices tu bandeja de entrada.

Las recompensas van más allá del modo Láser. Según investigaciones recientes, si compruebas tu correo electrónico con menos frecuencia, estarás menos estresado *y además* lo tendrás todo igualmente bajo control. Un estudio de 2014 de la University of British Columbia reveló que, cuando las personas comprueban su correo electrónico solo tres veces al día —en lugar de hacerlo siempre que quieran—, muestran un

---

11 Un estudio de 2012 desarrollado por McKinsey Global Institute mostró que los trabajadores de oficina ocupaban solo el 39 % de su tiempo en trabajo real. El otro 61 % lo pasaban comunicándose y coordinándose. En otras palabras, es trabajo sobre el trabajo, y el correo electrónico ocupaba casi la mitad del tiempo. ¡«Club de los ajetreados» a la vista!

nivel de estrés significativamente bajo. Como dijeron los investigadores Elizabeth Dunn y Kostadin Kushlev, «limitar el correo electrónico puede reducir el estrés tanto como si uno se imagina que está nadando en las aguas templadas de una isla tropical varias veces al día». Otro dato todavía más sorprendente es que comprobar el correo electrónico con menos frecuencia hacía que los participantes *mejoraran* a la hora de lidiar con los mensajes. Durante la semana que comprobaban el correo electrónico tres veces al día, los participantes respondían más o menos el mismo número de mensajes, pero lo hacían un 20% más rápido. ¡Comprobando el correo electrónico con menos frecuencia *ganaban tiempo*!

Dicho esto, cambiar los hábitos del correo electrónico es otra de esas cosas que se dicen muy rápido. Por suerte, como dos adictos al correo electrónico en fase de recuperación, podemos sugerirte varias tácticas para que cambies tu relación con la bandeja de entrada.

34. Lidia con el correo electrónico al final del día

En lugar de comprobar el correo electrónico a primera hora de la mañana —y estar absorbido por las prioridades de los demás y reaccionar ante ellas— lidia con el correo electrónico al final del día. De esta manera, podrás usar las horas de más rendimiento para tu Prioridad y para cualquier otro trabajo importante. Puede que tengas un poco menos de energía al final del día, pero de hecho esto es algo positivo cuando se trata del correo electrónico: estarás menos tentado a aceptar demasiados compromisos y estarás menos dispuesto a escribir manifiestos multipágina cuando una respuesta sencilla ya es suficiente.

35. Programa tiempo para el correo electrónico

Para ayudarte a establecer una rutina para el correo electrónico al final del día, intenta añadirlo a tu agenda. Sí, queremos que añadas «tiempo para el correo electrónico» a tu agenda. Cuando sabes que tienes tiempo asignado para esa tarea más tarde, es más fácil evitar malgastar tiempo con el correo electrónico ahora. Y, si asignas el tiempo para el correo electrónico justo antes de un compromiso firme, como una reunión o antes de salir del trabajo, conseguirás un empujón adicional: cuando se ha agotado el tiempo, se ha agotado. Haz cuanto puedas durante el tiempo asignado y, cuando haya terminado el tiempo, déjalo y continúa con otra cosa.

36. Vacía tu bandeja de entrada una vez a la semana

A todos nos gusta ver una bandeja de entrada despejada, pero no nos gusta el compromiso diario con el tiempo. JZ se marca como objetivo tener la bandeja de entrada vacía una vez a la semana: siempre y cuando consiga resolverlo todo al final de la semana, está tranquilo. Pruébalo. Todavía puedes echar una ojeada a la bandeja de entrada rápidamente para ver los mensajes que *de verdad* requieren una respuesta rápida, pero solo contesta a esos mensajes. Para otros asuntos urgentes, puedes pedir a tus amigos y tus familiares que te contacten por mensaje de texto o por teléfono. Y para los que no son urgentes, tus colegas —y todos los demás— aprenderán a esperar la respuesta (en la táctica #39 encontrarás trucos para cambiar las expectativas en cuanto a la comunicación).

37. Trata los mensajes como cartas

Mucho del estrés que tenemos por el correo electrónico proviene de la necesidad de comprobarlo de manera constante y de responder de manera inmediata a cada uno de los mensajes. Pero te iría mejor si trataras los mensajes como si fueran cartas a la vieja usanza —ya sabes, aquellas en papel dentro de un sobre y con sello—. El correo común solo se reparte una vez al día. Además, muchas cartas se quedan encima del escritorio un buen rato antes de que las abras. Y para el 99% de las comunicaciones *no pasa absolutamente nada*. Intenta disminuir la velocidad y ver tu correo electrónico como lo que es en verdad: solo una versión sofisticada, elevada y de alta tecnología del correo ordinario de toda la vida.

38. Tarda en contestar

Ante todo, tomar el control de tu bandeja de entrada requiere un cambio de mentalidad que va de «lo antes posible» a «lo más tarde que puedas retrasarlo». Responde lentamente a los correos electrónicos, chats, mensajes de texto y otros mensajes. Deja que pasen horas, días y a veces semanas antes de responder. Te parecerá que esto es lo que hacen los imbéciles. No lo es.

En la vida real, tú respondes cuando te hablan. Si un colega te dice «¿Qué tal la reunión?», no miras para otro lado y haces como si no lo hubieras oído. Claro que no —eso sería de muy mala educación—. En las conversaciones de la vida real, respondemos de inmediato por defecto. Y es una *buena* cosa que hacemos por defecto. Es respetuoso y útil. Pero, si trasladas el «responder de inmediato» al mundo digital, tendrás problemas.

Estando en línea, *todo el mundo* puede contactar contigo, no solo las personas más relevantes de tu alrededor. Tienen preguntas acerca de *sus* prioridades —no de las tuyas— cuando les resulta conveniente *a ellas* —no a ti—. Cada vez que compruebas tu correo electrónico u otro servicio de mensajería, básicamente estás diciendo: «¿Hay alguna persona cualquiera que necesite mi tiempo ahora mismo?». Y, si respondes enseguida, envías una señal tanto para ellos como para ti mismo: «Pararé lo que esté haciendo para poner las prioridades de los demás antes de las mías, sin que importe quiénes son ni qué quieren».

Esto es *de locos.* Pero esta locura de la respuesta instantánea se ha convertido en el comportamiento predeterminado de nuestra cultura. Es la piedra angular del «club de los ajetreados».

Puedes cambiarlo. Puedes comprobar tu correo electrónico de vez en cuando y dejar que los mensajes se apilen hasta que los contestes todos a la vez (#4). Puedes tardar en responderlos para invertir más tiempo en el modo Láser y, si te preocupa que los demás piensen que eres un imbécil, recuérdate a ti mismo que estar concentrado y presente te hará *más* valioso como colega y amigo, no menos.

La cultura de la respuesta inmediata del «club de los ajetreados» es poderosa, y necesitas tener fe para superarla y cambiar tu modo de pensar. Cree en tu Prioridad: *vale* la pena priorizar, en lugar de dejarse llevar por las disrupciones aleatorias. Cree en el modo Láser: conseguirás más cosas concentrándote en una sola cosa que yendo de un lado para otro en la bandeja de entrada. Y confía en los demás: si tienen algo realmente urgente e importante, te encontrarán en persona o por teléfono.

39. Resetea tus expectativas

Por supuesto, cuando limitas el tiempo que dedicas al correo electrónico o cuando aumentas el tiempo de respuesta, tienes que gestionar las expectativas de tus colegas y demás personas. Podrías decir algo así:

«Tardo en contestar porque necesito priorizar algunos proyectos importantes; pero, si tienes algo urgente para mí, envíame un mensaje de texto».

Este mensaje lo puedes transmitir en persona, por correo electrónico o incluso como respuesta automática o como firma.[12] Estas palabras están pensadas con sumo cuidado. La justificación «necesito priorizar algunos proyectos importantes» es eminentemente razonable y suficientemente imprecisa. Ofrecerte a responder un mensaje de texto proporciona un plan en caso de emergencia, pero gracias a que el umbral para enviar un mensaje de texto y para llamar es más alto que para chatear o enviar un correo electrónico, es muy probable que tengas muchas menos interrupciones.[13]

Ni tan solo necesitas un mensaje explícito; tu comportamiento puede hablar por sí solo. Por ejemplo, en Google Ventures, todo el mundo sabía que ninguno de los dos respondíamos al correo electrónico de inmediato. Si necesitaban algo más rápido, nos enviaban un mensaje o venían a encontrarnos a la oficina. Pero nunca enviamos ningún recordatorio. Éramos lentos, sin más, y los demás lo fueron viendo. Esto nos daba más tiempo para nuestros esprints de diseño y más tiempo para nuestras prioridades.

Algunos trabajos —como las ventas y el servicio al cliente— sí requieren respuestas rápidas. Pero, en la mayoría de los trabajos, cualquier daño en tu reputación que puedas sufrir por ser lento —seguramente menos de lo que crees— se verá más que compensado con el incremento de tiempo del que dispondrás para los trabajos más importantes.

---

12 Felicitamos a Tim Ferriss, cuya contundente aproximación a las interacciones laborales en *La semana laboral de 4 horas* nos ayudó a desarrollar estas ideas.

13 La palabra *porque* es poderosa por sí sola. En un estudio de 1978, investigadores de Harvard experimentaron con saltarse la cola de la fotocopiadora (recuerda, estamos hablando de 1978). Cuando decían «¿Puedo usar la fotocopiadora?», los demás les dejaban pasar un 60% de las veces. Pero cuando decían «¿Puedo usar la fotocopiadora porque tengo que hacer copias?», se les dejaba pasar un 90% de las veces. ¡De locos! Todos tenían que hacer copias; no puedes hacer otra cosa con una fotocopiadora. *Porque* es una palabra mágica.

40. Instala un correo electrónico de solo enviar

Aunque dejar de *recibir* correo electrónico en tu móvil es maravilloso, a veces es útil poder *enviar* mensajes. Tenemos buenas noticias: podrás nadar y guardar la ropa.

LÁSER

JZ

En 2014, cuando decidí probar el móvil sin distracciones, me sorprendió lo mucho que echaba de menos enviar correos electrónicos. Supongo que no me había planteado lo muy a menudo que me enviaba a mí mismo un recordatorio, o cómo usaba el correo electrónico para compartir archivos o fotos. Pregunté en Twitter si existía una aplicación para iPhone para solo enviar correos electrónicos. La gente se rio de mí.

Así que se lo pregunté a mi amigo Taylor Hughes (un ingeniero de software), y me ayudó a llegar a esta técnica tan sencilla:

1. Crea una cuenta de correo electrónico que solo usarás para enviar correos electrónicos. Puedes crearla con cualquier servidor, pero un servidor popular te resultará más fácil a la hora de añadirlo a tu móvil.

2. Instala el reenvío de mensajes para que todas las respuestas de esta nueva cuenta vayan directamente a tu cuenta normal, dejando la bandeja de entrada de la nueva cuenta siempre vacía.

3. Añade la nueva cuenta a tu móvil en lugar de tu cuenta regular.

La solución de Taylor funcionaba de maravilla. Unos meses más tarde, mi amigo Rizwan Sattar (otro ingeniero de software) se interesó por la idea del correo electrónico de solo enviar mensajes, y desarrolló una aplicación para iPhone llamada Compose. Luego, cuando me cambié a Android, encontré varias aplicaciones de solo enviar mensajes, incluso algunas con las que no es necesario crear una cuenta nueva. Encontrarás nuestras últimas recomendaciones en maketimebook.com.

41. Tómate unas vacaciones fuera de la red

¿Alguna vez has recibido un correo electrónico con una respuesta automática como esta?

«Esta semana estoy de vacaciones, fuera de la red y sin acceso al correo electrónico, pero responderé tu mensaje a la vuelta».

Esta frase nos hace pensar en una aventura remota: un paisaje desértico desolado, un bosque helado en Yukón o una salida espeleológica. Pero en realidad no *dice* que la persona estará en una zona aislada sin torres de telefonía móvil. Solo dice que él, o ella, no accederá a internet durante una semana.

Puedes decir exactamente lo mismo cuando te vas de vacaciones, vayas donde vayas. Puedes *elegir* quedarte fuera de la red. Será difícil, porque en muchas oficinas tienen la expectativa implícita —y loca— de que comprobarás tu correo electrónico mientras estés fuera. Pero, incluso si no es fácil, generalmente es posible.

Y vale la pena el esfuerzo. Cuando estás de vacaciones, el modo Láser importa. Incluso más, es probable, porque mientras estás de vacaciones el tiempo es limitado y valioso. Es el momento perfecto para borrar tu aplicación del correo electrónico de la oficina (#24) y para dejar tu ordenador en casa (#22). Puedes —y deberías— quedarte fuera de la red allí donde sea y tomarte unas vacaciones de verdad.

42. Bloquéate el acceso

Para algunos —ejem, ejem, Jake— el correo electrónico es irresistible, así de simple. Puedes ver estas estrategias y *querer* implantarlas, pero te das cuenta de que no tienes suficiente fuerza de voluntad. Pero todavía hay esperanza: puedes bloquearte el acceso a tu bandeja de entrada.

Jake

Incluso después de todos estos años y aun sabiendo lo que es mejor para mí, todavía estoy perdidamente enamorado del correo electrónico. Todavía lo compruebo cuando puedo para ver si hay algo nuevo e interesante en mi bandeja de entrada. No puedo evitarlo.

Sí, tengo cero fuerza de voluntad. Pero también soy superestricto cuando se trata de limitar el uso del correo electrónico. Mi secreto es una aplicación llamada Freedom. Con Freedom puedo asignar periodos para impedirme el acceso al correo electrónico. Es así como aplico la táctica «planifica el día» (#13); me ayuda a planear cómo quiero emplear el tiempo, y luego me obliga a ceñirme al plan, en lugar de improvisar.

Con el fin de crear el mejor horario para el correo electrónico, me hice las siguientes preguntas:

P. Por la mañana, ¿cuándo es lo más tarde que puedo estar sin comprobar el correo electrónico?
R. A las 10:30. Como trabajo con europeos, si lo compruebo después de las 10:30, podría perder todo un día antes de poder contactar con ellos.

P. ¿Cuánto tiempo necesito para la primera vez que compruebo el correo electrónico?
R. Treinta minutos. Más tiempo puede distraerme fácilmente, pero con menos puede que no tenga suficiente tiempo para responder a un mensaje urgente o importante.

P. ¿Cuándo es lo más tarde que puedo esperar hasta comprobar el correo electrónico por segunda vez?
R. A las 3:00 de la tarde. Esto me da tiempo para responder a la gente de Estados Unidos. Y, más importante, me permite mucho tiempo para centrarme en otras cosas a primera hora de la tarde.

Después de hacer este ejercicio, programo Freedom para bloquearme de cualquier cosa en internet hasta las 10:30 de la mañana. Después dispongo de treinta minutos antes de que Freedom vuelva a bloquearme otra vez —esta vez solo para el correo electrónico— desde las 11:00 de la mañana hasta las 3:00 de la tarde. En este punto, habré terminado mi Prioridad, y todavía tendré tiempo para responder a los correos electrónicos antes de que termine la jornada.

Lo mejor es que no tengo que tomar la difícil decisión de seguir este horario cada día. Solo lo he cambiado una vez y he dejado que la aplicación ejerciera la fuerza de voluntad en mi nombre.

Si, como yo, también luchas contra la pasión/adicción al correo electrónico, programa un horario para bloquearte el acceso. De hecho, puedes hacer lo mismo con cualquier «piscina infinita» (en maketimebook.com encontrarás nuestras últimas recomendaciones en aplicaciones para impedirte el acceso al correo electrónico).

Haz de la televisión un «placer ocasional»

La tecnología más corrosiva que he conocido se llama *televisión*; pero, por otra parte, la televisión, en su esencia, es magnífica.

—STEVE JOBS

Televisión, te queremos. Nos concedes la experiencia de viajar a través del tiempo y del espacio para experimentar las vidas de los demás. Y, cuando nuestros cerebros están exhaustos, nos ayudas a relajarnos y a recargar energías. Pero este paso del método Make Time es sobre tomar el control de nuestra atención. ¿Te acuerdas de la estadística sobre las horas de televisión? Los estadounidenses miramos 4,3 horas de televisión al día —*¡4,3 horas al día!*—. Esta cifra es impactante. Lo sentimos, televisor, pero tenemos que decírtelo: **Nos quitas demasiado tiempo.**

Según lo vemos nosotros, todo este tiempo de televisión es una mina de oro: un montón de horas absolutamente válidas frente a nosotros, esperando a ser recuperadas. Como siempre, no tienes más que hacer que cambiar tus predeterminados.

No tienes que deshacerte de tu televisor. Pero, en lugar de mirar la televisión a diario, haz que sea una ocasión especial. O, como decían Jake y su esposa a sus hijos para explicarles por qué no pueden comer helado cada día, haz que sea un *placer ocasional*.

Realizar este cambio no es fácil. La televisión a diario es un predeterminado muy poderoso y, si la miras con el piloto automático, que sepas que no estás solo. La mayoría de los salones están organizados alrededor del televisor. A menudo planeamos nuestras noches según el tiempo que vamos a pasar delante del televisor. Y, en el trabajo, las charlas acostumbran a ser sobre programas de televisión. Todos crecimos con la televisión, por eso muchas veces no nos damos cuenta del espacio que ocupa en nuestras vidas.

Pero, si te deshaces de estas normas culturales, puedes liberar un montón de horas. ¡Qué diablos! Solo el recortar una hora o menos al día marcará una gran diferencia. Y no se trata solo del tiempo, también podrás liberar energía creativa para utilizarla en tu Prioridad. Como Jake se percató mientras escribía ficción, si estás constantemente expuesto a las ideas de los demás, puede que te resulte difícil tener tus propias ideas.

A continuación, encontrarás unos cuantos experimentos que puedes probar para tomar el control de la televisión.

43. No mires las noticias

Si tienes que hacer un solo cambio en tus hábitos televisivos, tacha las noticias. Las noticias en televisión son increíblemente ineficientes; son un bucle sin fin de gente hablando, historias repetitivas, anuncios y citas vacías. En lugar de resumir los acontecimientos más importantes del día, la mayoría de esas noticias ofrecen historias contadas para provocar ansiedad, escogidas una a una para mantenerte agitado y enganchado delante del televisor. Para romper con ello, acostúmbrate a leer las noticias una vez al día o incluso a la semana (#25).

44. Coloca el televisor en un rincón

Los salones a menudo están distribuidos alrededor del televisor para que mirar la televisión sea la actividad predeterminada. Así:

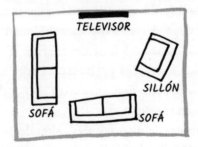

En lugar de esto, distribuye los muebles para que mirar la televisión resulte un poco incómodo y sea un inconveniente. De esta manera, la actividad predeterminada será la conversación. Así:

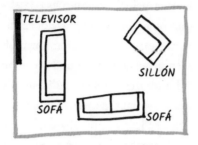

Esta idea proviene de Cindy y Steve, unos amigos de Jake, padres de tres niños. «Seguimos viendo programas de televisión juntos», nos dice Cindy, «pero la nueva distribución permite que conversar sea mucho más fácil. Además, este rectángulo negro ya no absorbe toda la luz del salón». Cindy está en lo cierto: una pantalla apagada pide a gritos ser encendida. Si no está a la vista, no te costará tanto resistirte a ella.

45. Cambia el televisor por un proyector

La próxima vez que tengas que comprar un televisor, considera el comprar un proyector y una pantalla de proyección plegable. Es la manera más sencilla de tener un cine en casa. Además, es bastante complicado instalarlo cada vez que quieras mirar algo. Este engorro es, por supuesto, positivo, ya que tiene un efecto disuasivo. Solo tendrás ganas de instalar el proyector en ocasiones especiales. Y, cuando lo hagas, ¡la experiencia será gigante y maravillosa! Tiene lo mejor de los dos mundos: una gran experiencia cinematográfica algunas veces y más tiempo libre el resto del tiempo.

46. Opta por a la carta en lugar del bufé libre

El problema con las suscripciones en línea es que *siempre* hay algo que ver. Es como tener un bufé libre de distracciones en tu sala de estar a todas horas. Prueba cancelar tu suscripción por cable, Netflix, HBO, Hulu o similares y, en lugar de eso, alquila o compra películas y episodios uno a uno.[14] La idea es cambiar tu hábito predeterminado del «vamos a ver qué hacen hoy» al «¿de verdad quiero ver algo?». Te parecerá drástico, pero puedes hacer la prueba durante una temporada. Si quieres echarte atrás, volverte a abonar es *muy* sencillo.

47. Si algo te encanta, libéralo

No tienes por qué abandonar la televisión, pero si te resulta difícil reducir las horas, quizás prefieras ser extremista y darle la espalda por completo al televisor durante un mes. Desenchúfalo, guárdalo en un armario o en un trastero de alquiler a diez millas y esconde la llave. Haz lo que tengas que hacer, lo importante es que estés sin televisor durante un mes. Cuando termine el mes, piensa en todo lo que has hecho durante el tiempo extra y considera cuánto tiempo quieres devolverle al televisor.

14　También puedes tener Netflix a la carta. No es una opción anunciada, pero puedes esperar a que salga un programa o una serie que *de verdad* quieres ver —por ejemplo, *Stranger Things*—, abonarte durante un mes y darte de baja inmediatamente después de haberlo visto. Cuando tu mes de suscripción gratis se agote, el servicio se apagará de manera automática —y habrás cambiado el hábito predeterminado del permanente al temporal—.

Jake

Cambié mis hábitos televisivos por accidente, cuando me mudé con mi familia a Suiza en 2008. Decidimos no llevarnos nuestro viejo televisor, y al final terminamos pasando dieciocho meses sin televisión. No estábamos del todo aislados de la civilización: un par de veces a la semana pagábamos 99 céntimos para descargarnos un episodio de *The Colbert Report* y nos acurrucábamos delante del ordenador. Pero la mayor parte del tiempo no había nada que ver.

Crecí viendo la televisión y no recuerdo ni un momento en el que no fuera parte de mi vida. Por esta razón me sorprendió darme cuenta de que no la echaba de menos. Siempre había algo que hacer: cenar en familia, jugar a LEGO con nuestro hijo, ir a pasear o leer. Si de verdad queríamos ver una película, podíamos desempolvar un DVD y verlo en el ordenador. Hacíamos eso de vez en cuando, pero esas ocasiones se convirtieron en especiales, en lugar de ser algo que hacíamos a diario.

Cuando regresamos a Estados Unidos, ¡tardamos un poco en darnos cuenta de que ya no teníamos televisor! Y, cuando lo hicimos, dudamos sobre si queríamos volver a tenerlo en nuestras vidas. Nos habíamos acostumbrado a tener tiempo extra para otras actividades. Sabíamos que, si nos comprábamos un televisor, volveríamos a «activar» el hábito predeterminado.

Hace ya casi una década que tengo televisión como un «placer ocasional», y me ha ido muy bien. Todavía me encanta ver películas y series ocasionalmente, pero siento que controlo mejor cuándo lo hago. Además, he sido capaz de emplear ese tiempo, que es una mina de oro, escribiendo o pasando el rato con mis hijos. Igual que con un helado, disfruto mucho más de la televisión cuando es algo ocasional que si la tuviera cada día.

Prepara el ambiente para fluir

48. Cierra la puerta

> La puerta cerrada es tu manera de decirle al mundo
> y a ti mismo que vas en serio.
>
> —STEPHEN KING, *MIENTRAS ESCRIBO*

Steve tiene razón. Si tu Prioridad requiere concentración, hazte un favor y cierra la puerta. Si no tienes una habitación con una puerta, busca una donde puedas acampar unas horas. Y, si no encuentras ninguna, ponte unos cascos —aunque no vayas a escuchar música—.

Los cascos y las puertas cerradas indican a los demás que no quieres ser interrumpido, y también te envías una señal a ti mismo. Te estás diciendo: «Todo a cuanto debo prestar atención está aquí». Te dices a ti mismo que es hora de entrar en modo Láser.

49. Inventa una fecha límite

No hay nada mejor para la concentración que una fecha límite. Cuando alguien está ansioso esperando resultados, es *mucho* más fácil entrar en modo Láser.

El problema es que las fechas límites en general son para tareas que nos aborrecen —como por ejemplo pagar los impuestos—, no para cosas que *queremos* hacer —como practicar el ukelele—. Pero este problema tiene fácil solución. Puedes inventarte una.

Las fechas límite inventadas son el ingrediente secreto de nuestros esprints de diseño. El equipo programa entrevistas con los clientes el viernes de cada semana de esprint para que, cuando empieza el lunes, todos sepan que el reloj avanza. *Tienen* que resolver su reto y crear un prototipo antes del jueves por la noche; y, después de todo, ¡estos tipos vuelven el viernes! La fecha límite es ficticia, pero ayuda al equipo a mantenerse en modo Láser durante cinco días seguidos.

Tú también puedes inventarte una que te ayude a ganar tiempo para algo que quieras hacer. Apúntate a una carrera de 5k. Invita a tus amigos a cenar pasta antes de haber aprendido cómo cocinarla. Inscríbete a una exposición artística antes de pintar los cuadros. O simplemente dile a un amigo cuál es tu Prioridad del día y pídele que te recuerde que debes terminarla.

JZ

Cuando estaba en el instituto corría en pista y campo a través; pero durante los cuatro años de universidad, no salí ni una sola vez a correr por el campus (sí, estaba muy ocupado, pero creo que más bien era por culpa del estilo de vida pizza-y-cerveza que llevaba por aquel entonces). Así que, cuando me gradué y me trasladé a Chicago, busqué una manera de volver a correr distancias largas. Pero no conseguía encontrar el tiempo.

Aquel primer verano, mi amigo Matt Shobe me preguntó si quería participar en la carrera Bastille Day 5k de Chicago. Mi primera reacción fue: «Para nada, no estoy preparado», pero luego pensé que todavía faltaba más de un mes para la carrera. Tenía suficiente tiempo para entrenar, y estaba buscando una excusa para empezar a correr otra vez. ¡Qué diablos, lo haré! Aquel compromiso fue todo lo que necesité para motivarme.

Con una fecha límite inventada, planeé mis entrenamientos y me puse a ello. Resultó que encontrar el tiempo para entrenar no era tan difícil, la carrera era divertida e incluso pude terminar en menos de veinte minutos. Gracias a eso ahora me encantan las fechas límite inventadas.

50. Dinamita tu Prioridad

Cuando no estés seguro de dónde empezar, intenta fragmentar tu Prioridad en un listado de tareas pequeñas y fáciles de realizar. Por ejemplo, si tu Prioridad es «planear las vacaciones», puedes dinamitarla en trozos así:

• Comprobar las fechas de las vacaciones en el calendario.
• Hojear la guía y hacer una lista con destinos posibles.
• Hablar con la familia de los destinos y elegir uno.
• Buscar precios de billetes en internet.

Fíjate en que cada elemento tiene un verbo. Cada uno es específico. Y cada uno es pequeño y relativamente fácil. Aprendimos esta técnica con el chamán de la productividad David Allen, que nos dijo esto sobre fragmentar los proyectos en acciones físicas:

Cambiar la atención hacia algo que tu mente percibe como una tarea hacedera, realizable, provocará un aumento real de energía, dirección y motivación positivas.

Según el vocabulario del método Make Time, las tareas minúsculas y realizables te ayudarán a tomar impulso y a encerrarte en modo Láser. Así que, si te sientes abrumado por tu Prioridad, ponle un poco de dinamita.

51. Escucha tu propia banda sonora Láser

Si te cuesta entrar en modo Láser, prueba con una señal.

Una señal es cualquier desencadenante que te obligue a actuar consiente o inconscientemente. Es el primer paso en el «bucle del hábito» que Charles Duhigg describe en *El poder de los hábitos*: primero, una **señal** induce a tu cerebro a empezar el bucle. La señal te activa para que realices una **rutina** de comportamiento sin pensarlo, en piloto automático. Finalmente, obtienes una **recompensa**: algo con lo que tu cerebro se sienta bien, que hará que vuelva a hacer la rutina la próxima vez que encuentre la señal.

En nuestro entorno hay muchas señales que desencadenan unos comportamientos no tan buenos, como por ejemplo el olor a patatas fritas que nos impulsa a comernos una hamburguesa doble de queso. Pero puedes crear tu propia señal para ayudarte a empezar un hábito *bueno*, como el modo Láser.

Te proponemos que uses la música como señal para tu modo Láser. Intenta poner la misma música o álbum cada vez que inicies tu Prioridad, o elige una determinada canción o álbum para cada tipo de Prioridad. Por ejemplo, cuando Jake empieza una rutina de ejercicio muy corta (#64), pone *Billie Jean* y *Beat It* de Michael Jackson. Cada vez que trabaja en su novela de aventuras, escucha el álbum *Hurry Up, We're Dreaming* de M83.[15] Y siempre que se pone a jugar a trenes con su hijo pequeño, escuchan *Currents* de Tame Impala. Al cabo de unas cuantas canciones, está concentrado. La música le recuerda a su cerebro qué rutina debe seguir.

No escucha esas canciones cuando está haciendo otras cosas —están reservadas para las actividades especiales—. Así que, después de algunas repeticiones, la música se convierte en parte del bucle del hábito, dando una señal a su cerebro para que entre en cada versión distinta del modo Láser.

Para encontrar tu propia banda sonora, piensa en una canción que te guste mucho pero que no la escuches a menudo. Una vez que hayas elegido tu banda sonora, prométete a ti mismo que solo la escucharás cuando quieras entrar en modo Láser. Asegúrate de que te encanta la banda sonora que has escogido para el modo Láser; así, escucharla será tanto una señal como una recompensa.

Un saludo a los amantes del rock.

---

15 Cuando no escribe ficción, pone *Master of Puppets* de Metallica, pero le da demasiada vergüenza admitirlo.

52. Programa un temporizador visual

El tiempo es invisible. Pero no tiene por qué serlo.

Queremos presentarte el Time Timer, el temporizador del tiempo.

Y, ante todo, debemos decirte que no nos llevamos una comisión por las ventas del Time Timer, porque lo que viene ahora parecerá una charla promocional descarada.

Es muy sencillo, nos encanta el Time Timer —y nos encanta llamarlo Time Timer—. Usamos Time Timers en cada uno de nuestros esprints de diseño. Jake tiene cinco Time Timers en su casa. El Time Timer es fantástico.

El Time Timer es un reloj especial diseñado para los niños. Programas un intervalo de uno a sesenta minutos, y un disco rojo va desapareciendo a medida que pasa el tiempo. Cuando llega a cero, el temporizador suena. Es muy simple. Es una genialidad, hace el tiempo *visible*.

Si usas el Time Timer cuando entras en modo Láser, percibirás una sensación de urgencia instantánea, visceral, pero en un sentido positivo. Mostrándote cómo va pasando el tiempo, el Time Timer te ayudará a concentrarte en la tarea que lleves entre manos.

Jake

A veces pongo un Time Timer cuando juego con mi hijo pequeño. Sé que suena horrible —puedes juzgarme, si quieres—, pero esto le recuerda a él cuánto tiempo tenemos, y me recuerda a mí que es un tiempo valioso, que vuela y que debería disfrutar plenamente de ese momento.

53. Evita la tentación de las herramientas sofisticadas

¿Cuál es la mejor aplicación para las listas de tareas? ¿La libreta y la pluma más exquisitas para tomar notas y hacer bocetos? ¿El mejor reloj inteligente? Cada cual tiene sus preferidas. En internet hay muchísimos tratados sobre lo que es mejor o un nueva manera genial de hacer aquello.[16] Pero esta obsesión por las herramientas es engañosa. A menos que seas un carpintero, un mecánico o un cirujano, escoger la herramienta perfecta suele ser una distracción, e incluso una manera más de estar ocupado en lugar de hacer el trabajo que deberías estar haciendo.

Es más fácil instalar un procesador de textos sofisticado en tu ordenador que escribir el guion que tanto has soñado. Es más fácil comprar libretas japonesas y bolígrafos italianos que ponerse a hacer esbozos. Y, a diferencia de Facebook —que todo el mundo sabe que es improductivo—, investigar y juguetear con herramientas sofisticadas *parece* ser un trabajo. Pero por lo general no lo es.

Además, es más fácil entrar en modo Láser cuando adoptas las herramientas sencillas que tienes a mano. Así, cuando algo se rompa, te quedes sin batería o te olvides el gadget en casa, no perderás el ritmo de trabajo.

---

16 De hecho, las discusiones acerca de gadgets, aplicaciones, herramientas y dispositivos ponibles están en segundo lugar de popularidad después de los vídeos de gatos. Fuente: nuestro propio y exclusivo «estudio de enlaces» que hemos clicado.

JZ

Tanta herramienta sofisticada me quemó. En 2006 descubrí el software de productividad perfecto: una aplicación simple pero potente llamada Mori, que permitía tomar y archivar notas de un modo infinitamente personalizable.

Estaba entusiasmado, y pasé muchísimas horas en mi ordenador configurando Mori y cargando todos mis proyectos en la aplicación. Y tenía razón: era perfecta. Mori se convirtió en una extensión de mi cerebro.

Sin embargo, pasados unos meses, las cosas empezaron a desmoronarse. Actualicé el sistema operativo de mi ordenador, y me di cuenta de que Mori no era compatible con la nueva versión. Quería ver mis notas en casa, pero me había dejado el ordenador en la oficina. Luego, el desarrollador clausuró Mori. Estaba consternado.

Ese es el otro problema de las herramientas sofisticadas: son frágiles. Desde un fallo técnico hasta un descuido mío pueden alejarme del modo Láser y de emplear el tiempo con mi Prioridad.

Después de que Mori desapareciera, empecé a utilizar herramientas sencillas y a mano para gestionar mi trabajo: archivos de texto en mi ordenador, notas en mi móvil, pósits básicos, bolígrafos de hoteles, esas cosas. Más de diez años después, mis herramientas funcionan como siempre. Y, cada vez que siento tentación por una herramienta nueva y sofisticada, no tengo más que pensar en Mori.

54. Empieza con un papel

En nuestros esprints de diseño, descubrimos que rendíamos más cuando apagábamos nuestros ordenadores y usábamos bolígrafo y papel. Y lo mismo se aplica a tus proyectos personales.

Usar una hoja de papel mejora la concentración, ya que no puedes malgastar el tiempo eligiendo la mejor fuente tipográfica o buscando por internet en lugar de trabajar en tu Prioridad. Asimismo, el papel intimida menos: mientras casi todo el software está diseñado para guiarte a través de unos pasos que te conducirán hasta un producto terminado, el papel te permite encontrar tu propio camino para llegar a una idea cohesionada. Además, el papel abre posibilidades, porque mientras Word está diseñado para líneas de texto y PowerPoint para gráficos y listados, con el papel puedes hacer ambas cosas a la vez.

La próxima vez que te cueste entrar en modo Láser, deja de lado tu ordenador o tableta y toma un bolígrafo.

Mantente concentrado

Entrando en modo Láser has ganado solo media batalla, ahora tienes que mantenerte concentrado y prestar toda la atención a tu Prioridad. Concentrarse es arduo, y es inevitable que te veas tentado por las distracciones. Te ofrecemos nuestras tácticas favoritas para dejar atrás esta tentación y concentrarte en lo que importa de verdad.

55. Prepara una lista con «preguntas aleatorias»

Es natural sentirse inquieto pensando en tu móvil o tu navegador. Te preguntarás si has recibido algún correo electrónico nuevo.[17] Tendrás la necesidad imperiosa de saber *¿quién era aquel actor en aquella película?*[18]

En lugar de reaccionar ante cada inquietud, escribe tus preguntas en un trozo de papel (*¿Cuánto cuestan los calcetines de lana en Amazon? ¿Qué hay de nuevo en Facebook?*). Luego podrás permanecer en modo Láser, sabiendo que has anotado estas preguntas tan urgentes para investigarlas en el futuro.

56. Percibe tu respiración

Presta atención a las sensaciones físicas de la respiración:

1. Inspira por la nariz. Percibe cómo el aire llena tu pecho.
2. Espira por la boca. Percibe cómo se ablanda tu cuerpo.

Puedes repetirlo si quieres, pero hacerlo solo una vez es suficiente para restablecer tu atención. Prestar atención a tu cuerpo acalla el ruido

---

17 Sí, los habrás recibido.
18 Era Pierce Brosnan.

en tu cerebro. Incluso una pausa de una única respiración puede llevarte de vuelta a lo que estabas haciendo —a tu Prioridad—.

57. Abúrrete

Puedes sentirte aburrido cuando no tienes acceso a las distracciones, pero de hecho el aburrimiento es bueno. Le da a tu mente la oportunidad de divagar, y esto a menudo te lleva a lugares interesantes. En estudios separados, investigadores de Penn State y de la University of Central Lancashire descubrieron que los participantes que estaban aburridos eran mejores a la hora de resolver problemas que los que no estaban aburridos.[19] Así que la próxima vez que no estés estimulado durante unos minutos, quédate allí. ¿Aburrido? ¡Qué suerte!

58. Quédate estancado

Estar estancado es algo distinto de estar aburrido. Cuando estás aburrido, no tienes nada que hacer; pero, cuando estás estancado, sabes muy bien *qué* quieres hacer, lo que pasa es que tu cerebro no sabe cómo proceder. Puede que no sepas qué escribir ahora, o cómo empezar un proyecto nuevo.

El camino más fácil para salir de Villaestancada es hacer otra cosa. Comprueba tu móvil. Contesta a un correo electrónico. Enciende el televisor. Esas cosas son fáciles, pero restan tiempo para tu Prioridad. En lugar de hacer esas cosas, quédate estancado, así de simple. No te rindas. **Mira fijamente la pantalla en blanco, o cambia al papel, o da una vuelta, pero mantente concentrado en el proyecto que tienes**

---

19   Si te interesa saber cómo aburrieron a los individuos —a nosotros nos interesaba—, Penn State proyectó vídeos aburridos, mientras que la University of Central Lancashire hizo que los participantes copiaran números de un listín de teléfonos. Los investigadores son así.

entre manos. Incluso cuando tu mente consciente se siente frustrada, alguna parte escondida de tu cerebro está procesando y haciendo progresos. Con el tiempo, *estarás* desatascado, y luego estarás contento de no haberte rendido.

59. Tómate el día libre

Si has probado todas estas técnicas y todavía no has conseguido entrar en modo Láser, no te mortifiques. Es probable que necesites un día de descanso. La energía —sobre todo la energía creativa— puede fluctuar, y a veces necesitas tiempo para recargar. La mayoría de nosotros no podemos tomarnos un día libre cuando nos apetezca, pero *podemos* permitirnos tomárnoslo con calma. Intenta hacer pausas reales a lo largo del día (#80) y cambiar a una Prioridad más alegre que te ayude a recargar energías.

60. Ve a por todas

Creemos en el descanso, pero hay una alternativa. Te ofrecemos una táctica de un monje de hoy en día:

Sabes que el antídoto para el agotamiento no es necesariamente el reposo...
El antídoto para el agotamiento es el entusiasmo.
—*HERMANO DAVID STEINDL-RAST*

Vale, hablemos del entusiasmo. El entusiasmo es un compromiso total, sin reprimir nada. Es dejar atrás la cautela y dejarte llevar por tu trabajo, una relación, un proyecto, cualquier cosa. Vivir el momento con entusiasmo y sinceridad.

Creemos que el entusiasmo es fundamental para todo lo que representa este libro: presencia, acción y ganar tiempo para lo que importa.

Y la perspectiva del hermano David es una manera nueva —lo es para nosotros— de enfocar el modo Láser.

Por supuesto, tanto el descanso físico como el mental son muy importantes. Pero, si te sientes cansado y eres incapaz de concentrarte, el hermano David te dice que no siempre tienes que hacer una pausa. A veces, si vas a por todas y afrontas la tarea con un desenfreno salvaje, encontrarás que es más fácil concentrarte. Verás que la energía *ya está allí.*

Te parecerá una idea un tanto radical, pero es algo que hemos observado personalmente. Hemos estado con equipos de un esprint de diseño que han tenido la oportunidad de trabajar con entusiasmo —finalmente centrándose en un proyecto que les importaba de verdad— y estaban llenos de energía. Y la hemos percibido nosotros mismos.

Jake

Esto es lo que experimenté una tarde cuando lo eliminé todo de mi móvil. Antes había estado dividiendo mi atención entre jugar con mis hijos y mirar el móvil. Me estaba conteniendo y conservaba energía. Pero, cuando fui a por todas y me metí de lleno, entusiasmado, a montar el tren de madera y hacer ¡chu, chu!, el agotamiento desapareció.

MAKE TIME

Lo noto cada vez que salgo a navegar. Puede ser muy agotador —estar alerta, moviéndote por un velero que se menea, dormir en turnos de dos o tres horas—, pero es una experiencia que te recompensa con el entusiasmo. No importa cómo me sienta, cuando salgo a la mar, tomo el reto con entusiasmo. Cualquier sensación de agotamiento, estrés o desazón se disipa.

Sentirse entusiasmado no es fácil. Es especialmente difícil cuando estás reaccionando a las «piscinas infinitas» o al «club de los ajetreados». Y, si estás acostumbrado a mostrarte cauteloso necesitarás práctica antes de que consigas bajar la guardia y vuelvas a sentirte entusiasmado.

Pero puede que el mayor obstáculo sea cuando tu corazón no esté *realmente* en la tarea que tienes entre manos —por ejemplo, cuando tienes un trabajo que no te conviene—. De hecho, ese es precisamente el contexto para unas palabras del hermano David: recomendó a un amigo que estaba quemado en el trabajo que lo dejara y se centrara en su pasión. No te estamos diciendo que dejes tu trabajo, pero te recordamos que es importante ser proactivo y que busques momentos en los que puedas mostrarte apasionado por los esfuerzos que realizas. Si elijes maneras apasionantes de pasar el tiempo, verás que sentirse entusiasmado tampoco es tan difícil.

MANTENTE CONCENTRADO   171

Energía

PRIORIDAD   LÁSER   REFLEXIÓN

ENERGÍA

Me gustan los profesores de universidad,
pero ya sabes... ven el cuerpo como un medio
de transporte para las cabezas, ¿verdad?
Es una manera de llevar su cabeza a las reuniones.

—SIR KEN ROBINSON

Hasta ahora, en este libro hemos hablado de distintas maneras de ganar tiempo escogiendo en qué centrar tus esfuerzos, ajustando tu agenda y tus dispositivos y bloqueando distracciones para potenciar la atención. Pero hay otra manera, aún más básica, de ganar tiempo. Si consigues incrementar tu energía cada día, serás capaz de convertir momentos que se habrían perdido debido a la fatiga mental y física en tiempo útil para tus prioridades.

Eres algo más que un cerebro

Imagina que tienes una batería dentro de tu cuerpo. Toda tu energía se almacena en esa batería y, de la misma manera que la batería de tu móvil o tu portátil, puede recargarse hasta el 100% o puede agotarse hasta el 0%.

Cuando tu batería está vacía, estás exhausto —te sientes consumido e incluso deprimido—. En ese momento es cuando es más probable que te distraigas con «piscinas infinitas» como Facebook y con el correo electrónico. Luego, te sientes peor porque estás cansado *y* estás enfadado contigo mismo por estar perdiendo el tiempo. Estás al 0%. Es un fastidio.

Ahora, imagina lo bien que te sientes cuando tienes la batería llena. Estás fresco como una rosa. Estás descansado, tu mente está activa y tu cuerpo está alerta y dispuesto. Estás preparado para empezar cualquier proyecto —no solo estás preparado, estás entusiasmado—. ¿Puedes visualizar esa sensación? Muy agradable, ¿verdad? Estás al 100%.

Elegir una Prioridad y entrar en modo Láser son las bases fundamentales de Make Time. Pero el ingrediente secreto es la Energía. Nuestra tesis es muy sencilla: si tienes energía, es más fácil mantener tu atención y tus prioridades, además de evitar reaccionar ante las distracciones y las peticiones. Con la batería llena, tienes el poder de estar presente, de pensar con claridad y de emplear tu tiempo en lo que importa, sin caer ante cualquier cosa que se presente.

Si quieres obtener la energía necesaria para mantener un cerebro concentrado y a alto rendimiento, tienes que cuidar tu cuerpo. Todos sabemos que el cerebro y el cuerpo están conectados. Pero hoy en día es fácil tener la sensación de que el cerebro es la única parte que importa de verdad. Cuando estamos en una sala de reuniones, conducimos, utilizamos un ordenador o pasamos el rato con un móvil, vivimos en nuestro cerebro. Sí, claro, los dedos presionan teclas y utilizamos el trasero para sentarnos. Pero casi siempre el cuerpo no es más que un Segway para el cerebro: un medio de transporte eficiente pero que presenta algunas inconveniencias.

Esta percepción del cerebro y el cuerpo como entidades totalmente separadas la tenemos ya de jóvenes, y se va reforzando con el tiempo. Cuando éramos pequeños —Jake estaba en un pueblo del Estado de Washington, y JZ en uno de Wisconsin— ejercitábamos el cerebro con las matemáticas, el inglés y las ciencias sociales; y ejercitábamos el cuerpo en la clase de educación física y haciendo deporte con nuestros equipos. Dos mundos totalmente distanciados. El cerebro aquí, y el cuerpo allá. En la universidad, los cerebros estaban más ocupados, pero el ejercicio ya no era un requisito académico. Cuando conseguimos un trabajo a tiempo completo en una oficina, nuestros cerebros estaban todavía más ocupados, nuestras agendas estaban más llenas y cuidar el cuerpo era cada vez más difícil. Así que hicimos lo que hace casi todo el mundo: probar cada herramienta o truco que encontrábamos para ser más eficientes con nuestros cerebros —y nos olvidamos de nuestros cuerpos—. Dos mundos totalmente separados. El cerebro aquí, y el cuerpo *mucho más* allá.

Los hábitos predeterminados del mundo actual dan por sentado que el cerebro es el que conduce el autobús, pero en realidad esto no es del todo cierto. Cuando no cuidas el cuerpo, el cerebro no puede hacer su trabajo. Si alguna vez te has sentido flojo y sin inspiración después de una comida copiosa, o vigorizado y con la mente despejada después de hacer ejercicio, sabrás de qué estamos hablando. **Si quieres energía para tu cerebro, tienes que cuidar tu cuerpo.**

¿Pero cómo? Hay aproximadamente millones de estudios científicos, libros, entradas de blogs y tertulianos en programas de televisión que te mostrarán cómo incrementar la energía. Pero seamos honestos, puede resultar bastante confuso. ¿Deberías dormir más o entrenarte para dormir menos? ¿O hacer entrenamiento de fuerza? Y, cuando el consenso científico inevitablemente cambia —como cuando pasó de desaconsejar las grasas a recomendarlas—, ¿qué deberías hacer?

Hemos estado años intentando entender todos esos consejos y, de manera específica, buscando las mejores maneras para acumular energía con la que alimentar los cerebros en nuestra búsqueda para crear más tiempo. Al final nos hemos dado cuenta de que el 99% de lo que necesitas saber sobre cómo incrementar la energía está justo en la historia de la humanidad. No tienes más que viajar en el tiempo para descubrirlo.

— — —

Te despiertas cuando oyes el rugido de un tigre dientes de sable

Desorientado, te frotas los ojos y estiras los brazos. Estás tumbado en la hierba al borde de un denso bosque, la luz pálida del amanecer pasa entre los árboles.

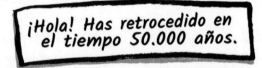

¡Hola! Has retrocedido en el tiempo 50.000 años.

Te rugen las tripas y te sientes confuso. Necesitas un cappuccino y un cruasán, pero faltan milenios para que Italia y Francia existan. En la distancia, se escucha el eco de otro rugido. Te das cuenta de que hoy tendrás un mal día.

Pero después… resulta que no.

En primer lugar, conoces a un cazador-recolector local llamado Urk. Urk se parece mucho al estereotipo de cavernícola. Lleva un ropón hecho con una piel de león de montaña, y tiene una barba que pondría en ridículo a cualquier *hipster*.

Urk pone cara de sobresaltado cuando te ve. Se pone en posición y agita su hacha de piedra. Sin embargo, tan pronto te ve de cerca y ve tu absurdo ropaje y tu corte de pelo, se da cuenta de que no supones ningún peligro. Urk se ríe, tú sonríes, y ya se ha roto el hielo.

Los modales de Urk son algo vulgares y a su piel de león de montaña no le vendría mal un buen lavado, pero resulta ser un chaval bastante majo. Te presenta a su tribu de cazadores-recolectores, y te llevan en una expedición para recolectar bayas. La caminata cubre un territorio muy extenso, y al caer el día estás exhausto. Comes con ellos una cena a base de carne de venado, te acurrucas bajo una piel de mamut gruesa y calentita, miras las estrellas y, por fin, te dejas llevar por lo que será tu mejor sueño en años.

A lo largo de las siguientes semanas, los cazadores-recolectores te enseñan algunos conceptos básicos: cómo construir tu propia hacha de piedra, cómo identificar las plantas venenosas y cómo mover los brazos para conseguir que los ciervos vayan hacia los que arrojan las lanzas. Cada día, caminas millas. Cada día, también dispones de mucho tiempo para relajarte, comer con los demás o pasar tiempo a solas afilando una lanza o soñando despierto. Tu cuerpo se va haciendo fuerte mientras tu cerebro se va relajando. Un atardecer, mientras tú y tu tribu acampáis en una cueva espaciosa, te viene la inspiración de golpe. «¡Escuchad, todos!», dices, «¡Esta pared es *perfecta* para hacer pinturas rupestres! ¿Quién se apunta?».

Por supuesto que nadie responde, porque no hablan inglés. Pero a ti no te importa. Siempre te dijiste a ti mismo que un día aprenderías a pintar, y mañana vas a encontrar tiempo para empezar.

Bienvenido de nuevo al siglo XXI. Y no te preocupes, no pretendemos que sigas una dieta paleo o de anacardos o que corras descalzo y con solo una piel de ciervo que te proteja de los elementos. Te presentamos a Urk por una razón importante: creemos que hay mucho por aprender —acerca de nuestros cuerpos y cerebros— de los hombres prehistóricos. En un tiempo en el que el mundo parece haber enloquecido, debemos recordar que el *homo sapiens* evolucionó para ser cazador-recolector, no manipulador de pantallas u oficinista.

Los humanos prehistóricos comían una variedad de alimentos y a menudo esperaban todo el día —o más— para saborear una buena comida. Moverse constantemente era la norma. Andar, correr y acarrear bultos se intercalaban con episodios de esfuerzo más intenso. Sin embargo, seguía habiendo tiempo para el ocio y la familia: los antropólogos estiman que los humanos antiguos «trabajaban» solo treinta horas semanales. Vivían y trabajaban en comunidades muy unidas donde la comunicación cara a cara era la única opción. Y, por supuesto, dormían muchas horas, se iban a la cama cuando oscurecía y se levantaban con la salida del sol.

Somos los descendientes de aquellos humanos, pero nuestra especie no ha evolucionado tan rápido como el mundo que nos rodea, ni mucho menos. Esto quiere decir que todavía estamos programados para un estilo de vida de movimiento constante, con una dieta variada pero bastante escasa, muchísima calma, mucho tiempo cara a cara y un sueño reparador que se ajusta al ritmo del día.

El mundo moderno, por muy bueno que sea, nos lleva por defecto a un estilo de vida completamente distinto. Hemos pasado de hacer actividad física a sentarnos, de la interacción humana a las pantallas, la comida llega envuelta en plástico y pensamos en dormir como si fuera una ocurrencia tardía. ¿Cómo demonios hemos llegado aquí?

El estilo de vida moderno es un accidente

El *homo sapiens* apareció en África hará unos 200.000 años. Durante los siguientes 188.000 años, todo el mundo ocupaba el mismo cargo —cazador-recolector— y nuestros días se parecían mucho a los de Urk. Más adelante, hará unos 12.000 años, los humanos empezamos a cultivar la tierra, y la mayoría de nosotros dejamos la vida nómada para asentarnos en pueblos y ciudades —el nombre *revolución agraria* insta a creer que se trató de una genialidad repentina, pero se cree que el cambio fue accidental y sucedió gradualmente a través de varias generaciones—. Comparados con la vida de un cazador-recolector, el trabajo en la granja y la vida en el pueblo eran un fastidio. El tiempo para el ocio cayó en picado, y la violencia y las enfermedades se dispararon. Por desgracia, no había forma de volver atrás.[1]

---

1   Puedes leer *Sapiens* de Yuval Noah Harari si quieres una explicación fascinante de la naturaleza accidental de la revolución agraria, y de sus consecuencias inadvertidas —pero irreversibles—.

Continuamos avanzando. Con el paso de los siglos, cambiamos la madera por los combustibles fósiles. Dominamos el vapor y la electricidad. Después, durante los dos últimos siglos, todo se volvió una locura. Construimos fábricas. Desarrollamos la televisión y, luego, nos obsesionamos con ella, cambiando nuestros horarios de sueño para ajustarlo a los horarios televisivos. Inventamos el ordenador personal, internet y el teléfono inteligente. Cada vez, nuestras vidas giraban alrededor de una nueva invención. Cada vez, no había forma de volver atrás.

LOS ÚLTIMOS 200.000 AÑOS:
Nada cambió, luego
todo cambió a la vez.

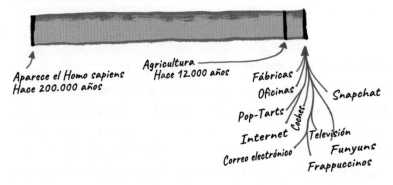

Aparece el Homo sapiens
Hace 200.000 años

Agricultura
Hace 12.000 años

Fábricas
Oficinas
Pop-Tarts
Internet
Correo electrónico
Coches
Televisión
Snapchat
Funyuns
Frappuccinos

El mundo actual no es una utopía planeada por genios. Ha ido cobrando forma de manera muy accidental por las tecnologías que se han quedado con nosotros a lo largo de siglos, décadas y años. Estamos diseñados para un mundo, pero vivimos en otro. Debajo de nuestros relojes inteligentes, de nuestros cortes de pelo sofisticados y de nuestros tejanos de diseño, somos Urk.

Así pues, ¿cómo podemos cargar la energía de nuestros cerebros y cuerpos cavernícolas con la energía que necesitamos para desempeñar los trabajos modernos? Navegando entre los consejos confusos, abrumadores y, a veces, contradictorios de los científicos, de los gurús de la salud y de los escritores de autoayuda (¡ejem!), Urk es el faro con el que debes guiarte. Viviendo como Urk, volverás a los conceptos básicos —un poco más cerca del estilo de vida para el que los humanos evolucionamos, pero sin perdernos todo lo que nos gusta del mundo moderno—.

Aunque no te equivoques: no todo era diversión y juegos en los tiempos prehistóricos. Urk no tenía acceso a los antibióticos o al chocolate, y se cepillaba los dientes con un palo. Sin embargo, si adoptas unas cuantas actividades al estilo Urk, puedes tener lo mejor del siglo XXI y lo mejor de tu *homo sapiens* anticuado.

Actúa como un cavernícola para acumular energía

La idea de volver a los conceptos básicos representa una magnífica oportunidad: como la vida actual está tan desfasada de nuestro cuerpo de cazador-recolector, hay muchísimo margen para mejorar. Los métodos de alto rendimiento —es decir, aquellos en los que el menor cambio produce el mayor beneficio— siguen estos principios:

1. Continúa moviéndote

Urk estaba caminando, levantando y acarreando cosas y trabajando a todas horas. Nuestros cuerpos y nuestros cerebros rinden más cuando estamos en movimiento. Para recargar baterías, no tienes por qué entrenarte para una maratón o acudir a un *bootcamp* a última hora del día. Con solo una sesión de veinte a treinta minutos, el cerebro funciona mejor, el estrés se reduce, el estado de ánimo mejora y se duerme mejor, lo que nos permite tener más energía al día siguiente —suena bien, ¿verdad?—. Te propondremos un montón de tácticas para añadir más movimiento a tus días.

2. Come verdaderos alimentos

Urk comía lo que podía encontrar y cazar: vegetales, frutas, frutos secos y animales. Hoy en día estamos rodeados de comida inventada y fabricada. No te estamos pidiendo que cambies tu dieta por completo, pero te presentaremos algunas tácticas para sustituir tus hábitos predeterminados para que te alejes de la comida falsa y te acerques a la dieta de Urk.

3. Optimiza la cafeína

De acuerdo, lo sabemos: las cafeterías escaseaban y estaban alejadas unas de otras en tiempos prehistóricos. Pero, si hablamos del cerebro y el cuerpo, es crucial hacerlo también de la cafeína, ya que resulta ser muy eficiente a la hora de subir los niveles de energía.

4. Desconéctate de la red

En el mundo de Urk, casi nunca ocurría nada. Excepto algún encuentro ocasional con un mastodonte, no había demasiadas novedades. La tranquilidad era la norma, y los humanos evolucionamos para no solo tolerar el silencio, sino también para usarlo para el pensamiento productivo o el trabajo que requiere concentración. El ruido y las distracciones constantes de hoy en día son un desastre para la energía y la concentración. Te mostraremos maneras sencillas para encontrar momentos de tranquilidad, como por ejemplo descansar de las pantallas y dejar los auriculares en casa.

5. Que sea algo personal

Urk era un animal social: interactuaba cara a cara. Hoy en día, nuestras interacciones son en general de pantalla a pantalla. Pero puedes volver a lo tradicional encontrando a personas que consigan recargar tu batería y viéndote con ellas en persona. Es un subidón de ánimo paleolítico muy sencillo.

6. Duerme en una cueva

Según un estudio de 2016 desarrollado por la Universidad de Michigan, los estadounidenses pasamos cada noche unas ocho horas en la cama, igual que los británicos, los franceses y los canadienses. Pero, a pesar de que parece ser una cantidad de tiempo en la cama decente, la mayoría de nosotros todavía no dormimos lo suficiente. Pero ¿qué pasa? La calidad del sueño es mucho más importante que la cantidad, y nuestro mundo está lleno de barreras —desde pantallas a horarios, pasando por la cafeína— que nos impiden dormir bien. Antes de que cayera el sol, Urk seguía un ritmo predecible, dormía cuando oscurecía y nunca se quedaba despierto preocupado por el correo electrónico. Hablaremos de cómo seguir sus pasos para descansar mejor, sentirnos mejor y pensar mejor.

Sí, lo sabemos. Es fácil dar consejos como estos —*¡Haz más ejercicio! ¡Come más sano! ¡Vive como un cavernícola!*— pero no es tan fácil seguirlos. Esta es la razón por la cual, en lugar de detenernos con estas filosofías de alto nivel, entraremos en detalle y pondremos estas ideas en práctica paso a paso. Ahora, enchufa el cargador que vamos a llenar la batería.

Continúa moviéndote

61. Haz deporte a diario (pero no te hagas el héroe)

Lo que haces a diario importa más que
lo que haces de vez en cuando.

—GRETCHEN RUBIN

Mover el cuerpo es la mejor manera de recargar la batería. Pero no necesitas hacer sesiones largas y complicadas. Nuestra filosofía es simple:

Haz ejercicio durante unos veinte minutos...
Los estudios demuestran que los beneficios del ejercicio más importantes a nivel cognitivo, de salud y de estado de ánimo se pueden conseguir con tan solo veinte minutos.

... cada día...
El subidón de energía y estado de ánimo que se obtiene con el ejercicio dura casi todo el día. Así que, si quieres sentirte bien cada día, haz deporte cada día. Además, debes saber que los hábitos diarios son más fáciles de mantener que los ocasionales.[2]

... (y reconoce tu mérito, aunque sea poco).
No te estreses para llegar a la perfección. Si consigues hacer ejercicio solo cuatro de los siete días de esta semana, ¡qué le vamos a hacer, cuatro es mejor que tres! Si no te apetecen veinte minutos de ejercicio, haz solo diez. Unas veces, un paseo de diez minutos o solo unos largos

---

2   Sí, sabemos que necesitas días de descanso. Pero, si te propones hacerlo a diario, igualmente tendrás días de descanso por temas de agenda, por condiciones climáticas o por otras interrupciones. E, incluso en días de descanso, podrás dar un paseo.

en la piscina se convierten en más porque te sienta bien —no querrás parar cuando empieces a moverte—. Otras veces, solo serán diez minutos, y ya está bien, por qué no. Es mejor que cero, y aún tendrás el impulso de energía.[3]

Además, el simple acto de ponerte la ropa deportiva y de salir fortalecerá el hábito, lo que te motivará para hacer sesiones de ejercicio más largas en el futuro.

Este enfoque del «justo lo suficiente» requiere un cambio de mentalidad, ya que la mayoría de nosotros tenemos una idea preconcebida del ejercicio. A menudo, estas nociones van ligadas a nuestro ego. Ya seamos jugadores de baloncesto, alpinistas, yoguis, corredores, ciclistas, nadadores o lo que sea, muchos de nosotros tenemos ideas fijas de lo que consideramos «ejercicio de verdad». Algo menos que eso no cuenta, incluso si el «ejercicio de verdad» ideal no se ajusta demasiado a nuestro estilo de vida.

La cultura moderna fomenta estas expectativas poco realistas sobre el ejercicio. Las marcas de zapatillas deportivas te exhortan a hacer más, más rápido y mejor. Los titulares de las revistas vociferan los métodos más novedosos para esculpir los abdominales y tonificar la zona media. La gente alardea de correr maratones enganchando pegatinas de «26.2» millas en sus coches y, para los que corren ultramaratones, hay las de 50 y 100 millas, para demostrar al maratoniano común quién manda.

---

3 Las investigaciones sobre el ejercicio suave y el cerebro son bastante sorprendentes. Por ejemplo, un estudio de 2016 de Radboud University en los Países Bajos reveló que el ejercicio estimula la memoria a corto plazo, incluso cuando la información que se recordaba se aprendió horas *antes* de empezar a hacer ejercicio. Otro estudio de 2017 de la Universidad de Connecticut demostró que la actividad física suave —como dar un paseo— incrementaba el bienestar psicológico, mientras que la actividad vigorosa no tenía ningún efecto positivo ni negativo. Hay una gran cantidad de estudios acerca de este tema. Para una visión más detallada —y divertida— de la ciencia detrás de la repercusión del ejercicio en pequeñas dosis en el cerebro, puedes leer *Exprime tus neuronas: 12 reglas básicas para ejercitar la mente*, de John Medina.

¿Cómo deberíamos sentirnos las personas normales? ¿Solo cuenta el ejercicio si nos estamos entrenando para un triatlón cuádruple o para tirar de un tráiler de dieciocho ruedas con una cadena entre los dientes? La respuesta es no. Deséales lo mejor, a los ultramaratonianos, pero luego ignóralos. Hazlo poco a poco pero a diario —o lo más a menudo que puedas—.

Es posible que pasándote a hacer ejercicio realizable cada día ya no puedas fanfarronear. Puede que tengas que olvidarte de la actividad ideal a favor del ejercicio que sí puedes hacer de manera sistemática. Hacer ese cambio mental es duro. Nosotros no podemos hacerlo por ti, pero sí podemos darte permiso: no pasa nada si no eres perfecto. Tu persona no se mide según lo que sudas la camiseta.

ENERGÍA

Jake

Solía considerarme un «jugador de baloncesto serio». En mi cabeza, no había hecho ejercicio si no había jugado tres horas en la cancha cuatro días a la semana. Pero con los niños y el trabajo, esa cantidad de deporte no era sostenible. Pasé por algunas etapas en las que jugaba al baloncesto a toda máquina, jugando varias horas durante días consecutivos —agotándome, a menudo lesionándome y retrasándome en el trabajo—, seguidas de semanas o meses en los que no hacía *ningún* tipo de ejercicio, por lo que me sentía muy culpable. Era o todo o nada.

Me acuerdo del momento en el que cambié esta mentalidad. Justo volvía a la oficina después de una sesión de tres horas de baloncesto. Cojeaba porque me había torcido el tobillo y me desplomé en mi escritorio, agotado mental y físicamente. No me quedaba energía para trabajar; parecía que el ratón de mi ordenador pesaba cincuenta kilos.

Luego, me vino a la cabeza la visión de cómo me había sentido la mañana *anterior* después de correr diez minutos por el barrio empujando el carrito de mi bebé para que le diera el aire. Era el tipo de ejercicio que mi ego atleta consideraba inadecuado; correr tan poco no «contaba». Sin embargo, ese día que había corrido, fui a trabajar vigorizado, pude concentrarme durante varias horas y terminé un proyecto de diseño importante.

«Dios mío», pensé, «debo cambiar de mentalidad». Es verdad que el baloncesto era divertido y que era una buena sesión de entrenamiento. Pero me sobrepasaba cada vez que jugaba, y era muy fácil terminar exhausto y lesionado.

En aquel momento, decidí rebajar mi rutina de ejercicio y reconocer el mérito de cualquier tipo, y cantidad, de ejercicio que hiciera, aunque solo fuera el mínimo. Cuando no podía —o no debía— jugar al baloncesto —que era la mayoría de las veces—, corría, y cuando no podía correr, pues andaba.

Esta experiencia anecdótica se puede explicar científicamente. Me siento mejor los días que hago solo un poco de ejercicio: menos estresado, más vigoroso y, por lo general, más feliz. Al contrario de los esfuerzos heroicos, esa rutina diaria de hacer ejercicio en pequeñas cantidades es sostenible. Correr o andar se convirtieron en verdaderos *hábitos* —con el tiempo se activaron en modo piloto automático—. Todavía juego a baloncesto de vez en cuando, pero ya no es el único ejercicio que cuenta. Y dándome permiso a mí mismo para hacer solo un poco de ejercicio cada día soy mucho más feliz.

62. Ponte en marcha

Nacimos para andar. En la historia de la evolución humana, la capacidad de andar erguidos llegó antes que el cerebro grande, pensante. Pero, en el mundo moderno, tenemos el hábito predeterminado de movernos con transporte motorizado. La mayoría podemos ir donde queramos en coche, autobús o tren, y haciendo tan fácil el *no andar*, este hábito predeterminado nos roba una magnífica oportunidad para energizarnos.

Para exponerlo en términos técnicos: andar es de verdad absolutamente bueno para ti. Informes de Harvard y de la Clínica Mayo (entre otros) exponen que caminar te ayuda a adelgazar, a evitar enfermedades cardiacas, a reducir el riesgo de padecer cáncer, a disminuir la presión arterial, a fortalecer los huesos y a mejorar tu estado de ánimo con la secreción de endocrinas analgésicas. Andar es prácticamente un medicamento milagroso.

Además, caminar te ayuda a ganar un tiempo que puedes usar para pensar, soñar despierto o meditar. JZ a menudo usa el tiempo mientras anda para planear y pensar en su Prioridad. A veces empieza esbozando en su cabeza un nuevo capítulo, una entrada para el blog o una historia. Pero no hay ninguna razón por la que andar tenga que ser tiempo zen. Puedes escuchar tus pódcast o audiolibros favoritos mientras andas. Puedes incluso hablar por teléfono —dependiendo dónde camines, puede ser demasiado ruidoso para tener conversaciones serias, pero podrás llamar a mamá y hablar con ella, aunque solo sea un ratito—.

Una caminata diaria no tendría que ser «una cosa más que hacer». Intenta andar en lugar de usar el modo de transporte que utilizas normalmente. Si la distancia es demasiado larga, podrías andar solo una parte del recorrido. Baja del autobús o del tren una parada antes y continúa el trayecto a pie. La próxima vez que vayas en coche, no busques aparcar el coche en el lugar ideal y déjalo en un sitio alejado. Si cambias el hábito predeterminado de «súbete al coche cuando puedas» por «camina cuando puedas», se te abrirán oportunidades por todas partes.

CONTINÚA MOVIÉNDOTE

Al fin y al cabo, andar debe ser el ejercicio más simple y conveniente del mundo; además, a pesar de ser sencillo, viene con un cargador muy potente para tu batería. Como decía Nancy Sinatra, tus pies están para andar, y eso es lo que deberían hacer.

JZ

En 2013, mi oficina se trasladó de las afueras al centro, a unas dos millas de casa. Decidí caminar para ir al trabajo, porque ¿por qué no? Hace buen tiempo en San Francisco, el autobús está repleto y bajo ningún concepto iba a pagar para aparcar en el centro.

Cuando caminar se convirtió en una rutina me percaté de algo sorprendente: me parecía que tenía *más tiempo* cuando iba andando al trabajo. Técnicamente tardaba más caminando que si iba en autobús o con el coche, pero no me lo parecía, porque andar me daba tiempo que podía usar para pensar o trabajar mentalmente en mi Prioridad.

63. Complícate la vida

De acuerdo, es verdad que andar por todos lados —como te aconsejamos en la táctica anterior— no parece de lo más conveniente. Pero lo hacemos a propósito. Creemos que optar por la inconveniencia es ideal a la hora de buscar oportunidades para hacer ejercicio fuera del gimnasio. Solo tienes que querer reajustar tu hábito predeterminado de «conveniente» a «energizante», justo así:

1. Prepara la cena

Cargar con las compras, moverte por la cocina, levantar pesos, cortar alimentos, mezclar la comida —todo eso requiere mover tu cuerpo—. Para algunos, cocinar es una forma de meditación: es una buena manera de ganar tiempo para pensar o reflexionar. Otros disfrutan de lo lindo cocinando, y es una excusa para pasar tiempo cara a cara con amigos y familia (#81). Además, es probable que la comida que cocines en casa sea más saludable que la de restaurante y, por lo tanto, más energizante.

2. Sube por las escaleras

Los ascensores son muy convenientes, pero algo fastidiosos, ¿verdad? ¿Vas arriba o abajo? ¿Deberías saludar al contable[4] o puedes seguir con los ojos enganchados en el móvil? Evita estas decisiones que inducen al estrés, sigue moviéndote y sube por las escaleras.

3. Utiliza una maleta sin ruedas

Deshazte de la maleta con ruedas y carga con tus cosas. Concíbelo como un minientrenamiento de fuerza, pero en el aeropuerto, en lugar del gimnasio. Ya te lo vas imaginando: ¡hay oportunidades para complicarte la vida por todas partes!

Jake
Espera un segundo. La maleta con ruedas es el mejor invento después del fuego. ¡Yo no la cambio por nada!

---

4   No pretendemos ofender a los contables. ¡Nos encantan los contables!

CONTINÚA MOVIÉNDOTE

Por supuesto, debemos decir que nosotros mismos somos hipócritas. Nos encantan las comodidades, desde las aplicaciones de reparto hasta las escaleras mecánicas, pasando por, ¡ejem!, los coches. No te estamos proponiendo que rechaces todas las comodidades de la vida moderna por completo, solo que digas «no» de vez en cuando, y que hagas de estas comodidades una decisión consciente, en lugar de un hábito predeterminado.

JZ
Recuerda, no todos debemos usar todas las tácticas. Nosotros incluidos.

64. Haz un hueco para el entrenamiento supercorto

A veces, cosas que parecen demasiado bonitas para ser verdad resultan ser bonitas y verdaderas. Por esta razón nos encanta el entrenamiento con intervalos de alta intensidad, un enfoque que valora la calidad por encima de la cantidad. Con ese entrenamiento —o, como lo llamamos nosotros, un «entrenamiento supercorto»—, completas una serie de movimientos breves pero intensos. Puedes escoger entre ejercicios de peso corporal, como distintos tipos de flexiones. Puedes hacer un esprint. Puedes levantar pesos. Y puedes terminar un buen entrenamiento en cuestión de cinco o diez minutos.

Lo mejor es que los entrenamientos supercortos son muy energizantes. Y no solo son un sustituto del ejercicio «real» con el que ahorras tiempo; de hecho, hay investigaciones que demuestran que el ejercicio de alta intensidad es mejor en conjunto que el entrenamiento de intensidad moderada, más largo, que creemos necesario. Resumiendo varios estudios científicos, el *New York Times* decía: «Con siete minutos más o menos de entrenamiento relativamente severo, se pueden obtener más beneficios que con una hora o más de ejercicio moderado». Más beneficios en menos tiempo, sin pagar nada, sin equipamiento. Sí que suena demasiado bonito para ser verdad.

Este entrenamiento que es demasiado bonito para ser verdad recobra sentido en el mundo de Urk. No te resultará difícil imaginártelo levantando, empujando y arrastrando cosas a la vuelta de una exitosa expedición de caza, o escalando un pico para tener mejores vistas. Un entrenamiento supercorto no debería ser el único ejercicio que hagas, pero es una manera rápida y conveniente de recargar la batería.

Si quieres probarlo, ahí van un par de opciones:

El «entrenamiento de 7 minutos»

Basado en un artículo de 2013 de *Health & Fitness Journal*, del American College of Sports Medicine, que el *New York Times* popularizó, el «entrenamiento de 7 minutos» combina doce ejercicios simples, rápidos y científicamente probados en una rutina que dura solo, sí, 7 minutos —secuencias de 30 segundos con 10 segundos de descanso intercalados—. No tienes ni que pensar mientras lo haces, porque hay aplicaciones que te van guiando. Consulta maketimebook.com para más recomendaciones.

SALTOS DE TIJERA → SENTADILLAS EN PARED → FLEXIONES → ABDOMINALES

STEPS CON SILLA → SENTADILLAS → TRÍCEPS CON SILLA → PLANCHA FRONTAL

RODILLAS ARRIBA → ZANCADAS → FLEXIONES CON ROTACIÓN → PLANCHA LATERAL

El «entrenamiento 3 × 3 de JZ

O podrías hacer como JZ y simplificarlo todo. Tres veces por semana, completa los siguientes tres pasos:

1. Cuantas más flexiones mejor en una secuencia, luego descansa un minuto.
2. Cuantas más sentadillas mejor en una secuencia, luego descansa un minuto
3. Cuantos más levantamientos mejor en una secuencia, luego descansa un minuto

Cuantas más
FLEXIONES
mejor

Cuantas más
SENTADILLAS
mejor

Cuantos más
LEVANTAMIENTOS
mejor

JZ

Si no tengo tiempo para ir al parque a usar la barra de dominadas, simplemente levanto cosas cuando estoy por casa. Como una silla, o una bolsa llena de libros, o una mesilla de madera maciza. No es nada sofisticado, pero hace que mis entrenamientos sean cortos y simples. Además, el acto de levantar *cosas* —en lugar de pesas o el asa de una máquina del gimnasio— es más cercano a cómo nuestros ancestros usaban los músculos en el mundo real: para levantar, cargar y empujar.

Para no aburrirte —o si los ejercicios te parecen demasiado difíciles al principio—, experimenta con variaciones. Por ejemplo, haz flexiones inclinadas si las regulares son demasiado duras. O supérate haciendo sentadillas con una pierna si las estándares te parecen demasiado fáciles. Para obtener ideas, busca en internet «variaciones de flexiones», «variaciones de sentadillas» o «variaciones de dominadas».

Come verdaderos alimentos

65. Come como un cazador-recolector

Esta táctica es un homenaje —y un robo— descarado a nuestro héroe Michael Pollan, entusiasta de la nutrición y escritor. En su superventas *El detective en el supermercado*, Pollan aborda la «cuestión supuesta e increíblemente complicada y confusa de lo que deberíamos comer los humanos para estar lo más sanos posible»·

> *Comer alimentos. No muchos. Principalmente plantas.*

Bueno, leímos los libros de Pollan y probamos sus consejos, y vaya si funcionan. Comer comida verdadera —es decir, ingredientes sin procesar que Urk podría reconocer, como plantas, frutos secos, pescado y carne— representó un cambio significativo en nuestros niveles de energía. Después de todo, el cuerpo humano evolucionó para comer verdaderos alimentos, así que no debería sorprendernos que nuestro motor funcione mejor cuando se le proporciona el combustible que espera.

JZ

En los primeros días de Make Time, quería ganar tiempo para preparar la cena. Lo consideraba un doble beneficio: una inconveniencia que me proporcionaba energía (#63) y una buena manera de conseguir que la comida verdadera fuera la base de nuestra dieta. Encontré que cocinar con ingredientes simples y que son alimentos reales —como carne asada con ensalada— era mucho más fácil que seguir una receta larga punto a punto. Para mí, era la mejor manera de comer como un cazador-recolector.

Jake

Para reajustar mi hábito predeterminado y comer más como un cazador-recolector, tuve que concienciarme de que necesito tener siempre tentempiés rápidos y sencillos a mano, y que sean no solo sabrosos, sino *también* verdaderos alimentos. Compro cantidades de almendras, nueces, frutas y manteca de cacahuete. Más tarde, cuando llega el hambre, estoy preparado con unos tentempiés sanos que me encantan: un puñado de nueces y pasas o manteca de cacahuete sobre un plátano o una manzana cortada (ve a #68 para más detalles acerca de los tentempiés).

66. Pon el Central Park en el plato

Una técnica simple para hacer que tus platos sean ligeros y energizantes es **emplatar primero la ensalada** y, luego, añadir lo demás alrededor de la ensalada. Es como el Central Park en Nueva York: reservas una gran parcela para los vegetales antes de construir alrededor de su perímetro. Más ensalada significa menos comida pesada y, muy probablemente, más energía después de comer.

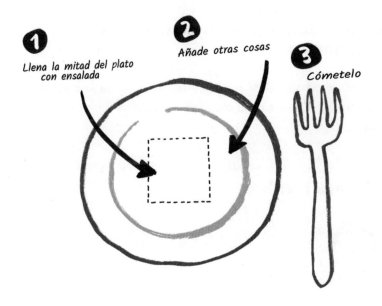

1 Llena la mitad del plato con ensalada

2 Añade otras cosas

3 Cómetelo

Batalla de tácticas: ayuno versus tentempiés

Para JZ, ayunar agudiza la concentración y mejora la energía. Para Jake, la idea de pasar de la comida hasta la cena sin un tentempié le provoca ansiedad.

67. Pasa hambre

JZ

El hábito predeterminado de hoy en día es comer de manera constante: tres comidas diarias, además de tentempiés para no pasar hambre. Pero recuerda: Urk era un cazador-recolector. No comía a menos que hubiera recolectado, cazado o matado su comida. ¿Puedes imaginarte salir para recoger bayas o ir a cazar un búfalo cada mañana, a mediodía y por la tarde, además de cada vez que tus niveles de azúcar bajan?

La idea es que solo porque *podemos* comer todo el rato no *deberíamos* hacerlo. A pesar de tener la suerte de vivir en un mundo donde la comida abunda, nuestro cuerpo todavía es como el de Urk, que evolucionó para sobrevivir y prosperar en un mundo donde la comida escaseaba.

El ayuno intermitente se ha puesto de moda, pero hay un montón de razones para practicarlo, además de porque lo recomienden Beyoncé y Benedict Cumberbatch. La comida sabe mejor cuando tienes hambre, y se obtienen muchos beneficios: salud cardiovascular, longevidad, desarrollo muscular y puede que una reducción del riesgo de cáncer.

Pero, cuando se trata de energizar y de ganar tiempo, hay un beneficio que supera todos los demás: ayunar —hasta cierto punto— esclarece tu mente y agudiza tu cerebro, lo que es perfecto para mantenerte concentrado en tus prioridades.

He practicado el ayuno intermitente —que no es más que un nombre artificioso para decir «a veces no comes»— durante un par de años. Al principio, el hambre me distraía. Pero, después de unos cuantos intentos, me acostumbré a lo que era pasar hambre, y resultó que me permitía recorrer a una reserva de energía mental.[5] Es especialmente útil durante mi rutina matinal, cuando me levanto y trabajo unas cuatro o cinco horas —sin distracciones y también sin comer, a menudo— en mi Prioridad.

---

5 Jake me comparaba con un gato doméstico que se vuelve más energético y con ganas de cazar justo antes de comer. No estoy seguro de cómo debería sentirme por la comparación pero, viendo a mis gatos, creo que es algo bueno.

No te preocupes, no te propongo que te pases días sin comer; solo intenta saltarte una comida o una merienda. Por supuesto, nadie quiere ser como ese tipo que se presenta a una reunión de negocios o a una cena de cumpleaños y se pide una soda con lima. Pero mi amigo Kevin me enseñó un método para ayunar que se ajusta a un estilo de vida normal: cena temprano, se salta el desayuno y, más adelante, hace una buena comida. Eso se parece bastante a un ayuno de dieciséis horas, y puedes hacerlo de vez en cuando sin que te miren como al rarito.

68. Merienda como un niño

Jake

Los niños se ponen de mal humor cuando tienen hambre.[6] Como padre, lo he visto muchas veces. Ah, ¡tantas veces!

Pero no es su culpa. Es difícil para un niño de 3 años estar desde la comida hasta la cena sin un tentempié. De hecho, también lo es para muchos adultos. A decir verdad, yo mismo me pongo de mal humor sin darme cuenta cuando tengo hambre. Por eso —al contrario de JZ, que evita comer entre horas— creo que los tentempiés regulares son buenos. Debo confesar que incluso soy un fanático

---

6 Si algún niño está leyendo esto, no te ofendas, pero sabes que es verdad.

de los tentempiés. Siempre tengo un par de barras de cereales Kind en mi mochila en caso de una *tentemergencia*. Incluso modifiqué el horario de los esprints de diseño para hacer una pausa.

Cuando se trata de comer entre horas, creo que hay dos cosas importantes: elegir tentempiés de calidad y comerlos cuando tu cuerpo y tu mente lo necesiten, no cuando no tengas nada que hacer.

Si quieres mantener la batería cargada, imagina que eres un niño pequeño o, para ser más precisos, el padre de un niño pequeño. Estate atento para identificar sus rabietas y su frustración, y prepárate con un remedio nutricional. Cuando salgas de casa por la mañana, llévate unos frutos secos o una manzana. Si te encuentras hambriento y sin nada que comer, busca comida verdadera —por ejemplo, bananas o frutos secos—, en lugar de comida basura —como dulces o patatas—. A tu hijo de 3 años no le darías un paquete de Twizzlers para que aguantara hasta la hora de comer, y tú deberías cuidarte con el mismo mimo. Los adultos somos personas, también.

69. Pásate al «lado oscuro del chocolate negro»

El azúcar causa subidas de azúcar, y las subidas de azúcar causan bajadas de azúcar. Mucha gente sabe que evitar los dulces es una buena manera de mantener la energía, pero seamos sinceros, no es fácil dejar de comer el postre.

Pues no lo dejes. En lugar de eso, cambia tu hábito predeterminado. Permítete un postre siempre y cuando sea de chocolate negro.

El chocolate negro tiene mucho menos azúcar que otros dulces, así que la bajada de azúcar será menor. Muchos estudios[7] sugieren que el chocolate negro incluso es beneficioso para la salud. Y, como llena y es delicioso, no tendrás que comer mucho para satisfacer tu antojo. En pocas palabras, el chocolate negro es fantástico y deberías comer más.[8]

Jake

Tengo una debilidad por el dulce, pero desde 2002 estoy en el «lado oscuro del chocolate negro». Todo empezó en un viaje en coche de Seattle a Portland con mi pareja, Holly. Paramos en una estación de servicio, donde compré y luego consumí una cocacola grande, un paquete de caramelos Bottle Caps y una piruleta Jolly Rancher. Con un subidón de azúcar, procedí a representar una pantomima de cinco minutos del videojuego Super Mario Bros, completa y con efectos de sonido.

Luego, llegó el catastrófico bajón de azúcar. Pasé el resto del viaje desplomado en el asiento del copiloto, quejándome del martilleo en la cabeza mientras Holly se reía de mí.

El incidente con el Jolly Rancher —así es como lo llamamos— me hizo llegar a esta conclusión: come mucho azúcar y te sentirás fatal. Esto sucedió más o menos cuando los estudios sobre los beneficios del chocolate negro

---

7   Financiados por compañías chocolateras, pero qué más da.

8   Solo recuerda que el chocolate negro tiene cafeína, así que inclúyelo en tus cálculos para la cafeína (#75).

estaban por todas partes, así que intenté probarlo en lugar de mi régimen de postres habitual. Primero, debía acostumbrarme a ese sabor algo amargo. Pero, una vez que mi paladar se había acostumbrado, los demás postres me parecían demasiado dulces.

Todavía como helado o alguna galleta como mínimo dos veces por semana, pero los veo como placeres intencionados. Ahora, mi hábito predeterminado es comer chocolate negro, mis niveles energéticos se mantienen estables y mi pareja ya no se ríe de mí... como mínimo no del incidente con el Jolly Rancher.

Optimiza la cafeína

70. Despiértate *antes* de cafeinarte

71. Cafeínate *antes* del bajón

72. Tómate una siesta con cafeína

73. Mantén la altitud con el té verde

74. Mete el turbo a tu Prioridad

75. Aprende a identificar tu última llamada

76. Desconéctate del azúcar

Es fácil quedarse enganchado a un hábito relacionado con la cafeína —como por ejemplo servirte una taza de café cada vez que haces una pausa en el trabajo—. La cafeína es una droga —moderadamente— adictiva; por eso, incluso pequeños comportamientos no intencionados, como tomarte una taza solo para levantarte de tu escritorio, pueden convertirse en hábitos que se refuerzan químicamente con rapidez. Pero aquí no pretendemos juzgar a nadie. Nosotros mismos consumimos cafeína, como lo hacen la mayoría de los humanos.[9] Pero la cafeína es un elemento muy potente y, como tiene un efecto directo en tu nivel de energía, deberías tomarla con intención en lugar de hacerlo con el piloto automático.

Empezamos a reflexionar más acerca de la cafeína después de conocer a Ryan Brown. Ryan se toma el café muy en serio. Tanto, que ha viajado por el mundo entero buscando los granos de café perfectos, creó su propia compañía de distribución de café, trabajó para los titanes del café como Stumptown y Blue Bottle, e incluso ha escrito un libro a propósito del café.

Ryan también se toma en serio la manera cómo *bebe* café. Durante años, ha rastreado cada artículo y cada estudio académico sobre la cafeína, intentando optimizar su nivel de energía buscando el mejor momento para tomarse cada taza. Como te puedes imaginar, cuando se ofreció para compartir con nosotros todos sus hallazgos, éramos todo oídos.

Rayan nos explicó que, para él, maximizar la energía empezaba por entender cómo funciona la cafeína. Para el cerebro, las moléculas de la cafeína se parecen mucho a una molécula llamada *adenosina*, que se encarga de decir al cerebro que debe relajarse y venirle sueño o sentirse gro-

---

9   Según la Administración de Alimentos y Medicamentos de Estados Unidos, a nivel mundial, el 90 % de los adultos consume cafeína de una forma u otra. En los Estados Unidos, el 80 % de los adultos la beben a diario, y esto incluye a Jake y JZ.

gui. La adenosina es muy útil cuando cae la noche para prepararte para ir a la cama. Pero cuando la adenosina nos hace venir el sueño durante la mañana o la tarde, solemos recurrir a la cafeína.

Cuando aparece la cafeína, nuestro cerebro dice: «¡Hola, preciosa!», y la cafeína se une a los receptores donde se supone que va la adenosina. La adenosina se queda flotando por allí y, como resultado, el cerebro no recibe la señal del sueño.

Lo que nos parece interesante —como mínimo a nosotros— es que la cafeína no es la que te da el impulso de energía técnicamente; en lugar de eso, lo que hace es bloquearte ante un bajón de energía causado por el sueño inducido por la adenosina. Pero, una vez que la cafeína desaparece, toda aquella adenosina sigue allí, lista para atacar. Si no te tomas más cafeína, te da el bajón. Y con el tiempo tu cuerpo se va ajustando a más y más cafeína produciendo más adenosina para compensar. Esta es la razón por la cual, si por lo general tomas mucha cafeína, te sientes más grogui y sufres más dolores de cabeza cuando no la tomas.

Con todo eso, Ryan ideó un sistema perfecto que le permitía disfrutar del café lo máximo posible y mantener unos niveles de energía estables sin atacar a los nervios ni perjudicar el sueño. Al final, su fórmula personalizada —apoyada por la ciencia y comprobada con la experiencia— era supersimple:

- Levantarse sin cafeína —en otras palabras, levántate de la cama, desayuna y empieza el día sin beber café—.
- Tómate la primera taza de café entre las 9:30 y las 10:30 de la mañana.
- Tómate la última taza entre la 1:30 y las 2:30 de la tarde.

Sin más. La mayoría de los días, Ryan solo se toma de dos a tres tazas de café. Sí, ese tipo que *escribió un libro sobre el café* —a quien le encanta el café—. El caso es que también sabe que, si toma más o si lo bebe antes o después, acabará con *menos* energía, así que limita su consumo y saborea cada sorbo.

Si Rayan ya hizo todo el trabajo duro, solo tenemos que seguir su horario, ¿verdad? No tan rápido. Nos advirtió de que no hay una fórmula única que funcione para todo el mundo. Cada persona procesa la cafeína y reacciona ante ella con pequeñas diferencias, dependiendo de su metabolismo, de su masa corporal, de su tolerancia e, incluso, de su ADN.

Por supuesto, decidimos experimentar por nosotros mismos. Lo que funcionaba para JZ no siempre funcionaba para Jake, y viceversa. Tuvimos que personalizar nuestras propias fórmulas, pero mereció la pena: ambos terminamos con una energía más estable a lo largo del día.

Te recomendamos que experimentes con las siguientes tácticas y, como con todas las tácticas de este libro, también te proponemos que tomes notas (páginas 255 y 285) para hacer un seguimiento de tus resultados. Cuenta con estar entre tres a diez días sintiéndote grogui a medida que tu cuerpo se va ajustando.

Referencias: nos lo hemos inventado (pero no está mal).

OPTIMIZA LA CAFEÍNA

70. Despiértate *antes* de cafeinarte

Por la mañana, tu cuerpo produce de manera natural cantidades de cortisol, una hormona que te ayuda a despertar. Cuando tenemos mucho cortisol, la cafeína no te hace demasiado efecto —excepto aliviar los síntomas de tu adicción a la cafeína temporalmente—. Para la mayoría, el cortisol está a los niveles más altos entre las 8:00 y las 9:00 de la mañana; así que, para conseguir la energía matutina ideal, experimenta tomar la primera taza de café a las 9:30 de la mañana.

Jake

Hice este cambio después de hablar con Ryan. Antes, siempre me levantaba con una nube de abstinencia de cafeína. Pasaron unos días hasta que la superé; pero una vez que lo hice, me encantó despertarme alerta. Y ahora siento que obtengo un mayor impulso con mi café de las 9:30.

71. Cafeínate *antes* del bajón

Lo delicado de la cafeína es que, si esperas a beberla cuando estás cansado, es demasiado tarde: la adenosina ya se ha enganchado a tu cerebro, y es difícil deshacerte del letargo. Te lo repetimos porque es crucial: *si esperas a beberla cuando estás cansado, es demasiado tarde.* En lugar de eso, piensa cuándo te vienen los bajones de energía —para la mayoría es después de la comida— y tómate una taza de café —o tu bebida con cafeína favorita— treinta minutos antes. O, como alternativa...

72. Tómate una siesta con cafeína

Una manera un poco complicada, pero con muy buenos resultados cuando queremos aprovechar los mecanismos de la cafeína, es esperar a estar cansado, beber un poco de cafeína y, de inmediato, hacer una siesta de quince minutos. La cafeína tarda un poco en ser absorbida por el torrente sanguíneo y llegar al cerebro. Durante ese corto sueño, el cerebro se deshace de la adenosina. Cuando te despiertas, los receptores están libres y la cafeína empieza a tener efecto. Te sientes fresco, recargado y listo para empezar otra vez. Varios estudios han demostrado que las siestas con cafeína mejoran el rendimiento cognitivo y la memoria, más que un café y una siesta por separado.[10]

JZ

Hacía siestas con cafeína para tener un empujón por la tarde mientras escribía *Sprint*. A mí, una buena siesta con cafeína de quince minutos me da unas dos horas de energía concentrada.

---

10 Un estudio de 1997 de la Universidad Loughborough realizó pruebas a sus participantes con un simulador de conducción. Aquellos que hicieron una siesta con cafeína obtuvieron mejores resultados que los que solo habían hecho la siesta y que los que solo habían tomado cafeína. Un estudio de 2003 de la Universidad de Hiroshima, Japón, intentó ayudar a los que solo habían hecho la siesta alcanzar a los que la habían hecho con cafeína exponiéndoles a luces brillantes, pero los que habían hecho la siesta con cafeína siguieron obteniendo mejores resultados en las pruebas de memoria.

73. Mantén la altitud con el té verde

Para mantener unos niveles energéticos estables a lo largo del día, prueba con reemplazar altas dosis de cafeína —como una taza gigante de café— por dosis más pequeñas y frecuentes. El té verde es una buena opción. La manera más fácil y económica de hacer este experimento es comprar una caja de bolsitas de té verde y sustituir cada taza de café que te tomarías por una o dos tazas de té. Eso te permite mantener el nivel de energía más uniforme y estable durante el día, evitando así los puntos altos y bajos de energía que te provocan algo tan supercargado con cafeína como el café.

JZ

También puedes intentarlo con la solución italiana: el clásico *espresso*. Si te gusta —a mí sí— y tienes acceso al él —yo lo tengo en algunas ocasiones—, es otra opción de dosis baja. Un *espresso* se puede comparar más o menos con media taza de café o con dos de té verde.

74. Mete el turbo a tu Prioridad

La vida se parece mucho al videojuego Mario Kart: tienes que usar los *turbo boosts* estratégicamente. Intenta programar las ingestas de cafeína para estar listo justo cuando empieces con tu Prioridad. Ambos aplicamos esta técnica de la misma manera, y es muy sencillo: tomamos una taza de café justo antes de sentarnos a escribir.

75. Aprende a identificar tu última llamada

Camille Fleming, amiga de Jake, es una doctora en medicina de familia que enseña a los residentes en el Swedish Hospital de Seattle. Una de las quejas más frecuentes que escucha de sus pacientes, de cualquier edad, son sus dificultades para conciliar el sueño. Lo primero que les pregunta —y lo que enseña a sus alumnos a preguntar es: «¿Cuánta cafeína consume y cuándo?». Muchos pacientes no saben qué contestar. Otros dicen algo así como: «Oh, esto no es lo que no me deja dormir; me tomo la última taza de café a las 4:00 de la tarde».

Lo que la mayoría de nosotros —incluyéndonos a nosotros mismos antes de que Camille se lo explicara a Jake— no sabemos es que la vida media de la cafeína es de cinco a seis horas. Así pues, si una persona corriente bebe una taza de café a las 4:00 de la tarde, la mitad de la cafeína ya no está en la sangre entre las 9:00 y las 10:00 de la noche; pero la otra mitad todavía sigue allí. El resultado es que, como mínimo, hay *algo* de cafeína que bloquea *algunos* receptores de adenosina durante muchas horas después de haber tomado cafeína, y es muy probable que esté interfiriendo en tu sueño y, por lo tanto, en la energía del día siguiente.

Tendrás que experimentar para saber cuál es tu propia «última ingestión de cafeína»; pero, si tienes problemas para dormir, lo más probable es que sea más pronto de lo que crees. Puedes probar interrumpiendo la ingestión de cafeína cada vez más temprano hasta que te resulte más fácil conciliar el sueño.

76. Desconéctate del azúcar

No es ningún secreto que muchas bebidas con cafeína también contienen mucho azúcar: refrescos como Coca-Cola y Pepsi y bebidas azucaradas, como los tés Snapple y los moca de Starbucks, sin olvidarnos de las bebidas turboenergéticas como Red Bull, Macho Buzz y Psycho Juice.[11] Pero, a pesar de que el azúcar nos da un subidón inmediato, no es necesario que te digamos que no es bueno para la energía sostenida.

Somos realistas y no vamos a pedirte que elimines por completo el azúcar de tu dieta —nosotros no lo hemos hecho—. Pero sí que te aconsejamos que separes la cafeína de los dulces.

Jake

Para mí, la cafeína equivalía a una cocacola o, si se me antojaba, a un moca. Cambiar ese hábito no era fácil, así que hice la transición de manera gradual, bebiendo té helado sin azúcar y café helado con crema, para no tener la tentación de añadirle sirope. Ahora, si de verdad quiero un dulce con la cafeína, lo tomo por separado. Se disfruta más de un café y una galleta por separado que de un café con una galleta disuelta en él, lo que es básicamente un refresco azucarado.

---

11   Sabemos que, como mínimo, una de estas es de verdad.

Desconéctate de la red

77. Pasea por la naturaleza

> Los bosques son bonitos de verdad.
>
> —EL PADRE DE JAKE

Desde 1982, el Gobierno japonés ha estado apoyando una práctica llamada *shinrin-yoku*, lo que se traduciría como «baño de bosque» o, en otras palabras, «absorber el entorno del bosque». Estudios acerca del *shinrin-yoku* demuestran que incluso una exposición breve a un entorno forestal reduce el estrés, la frecuencia cardíaca y la presión arterial. Y eso no solo ocurre en Japón. Un estudio de 2008 de la Universidad de Michigan comparaba el rendimiento cognitivo de personas que se habían paseado por la ciudad con el de personas que lo habían hecho en un parque. Los que se pasearon por la naturaleza rendían un 20% más.

Así pues, exponerse brevemente a la naturaleza te hace estar más calmado y rendir mejor. ¿Cómo funciona? La mejor explicación que encontramos es la de Cal Newport en *Enfócate (Trabajo profundo)*:

> *Cuando caminas por la naturaleza, te liberas de tener que dirigir tu atención, ya que hay pocos obstáculos por los que transitar —como cruces de calles abarrotados de gente—, y experimentas suficientes estímulos interesantes para mantener tu mente ocupada y evitar así la necesidad de que tu atención tenga que fijarse activamente en un objetivo. Ese estado permite que tus recursos de atención dirigidos tengan tiempo para recargarse.*

En otras palabras, la naturaleza recarga la batería de tu cerebro. Todo eso nos recuerda a nuestro ancestro Urk. Sea cual sea la explicación, vale la pena intentarlo, y no es necesario hacer una excursión por la Ruta de la Costa del Pacífico. Ni tan solo necesitas un bosque; parece ser que los beneficios se obtienen con cualquier entorno natural. Prueba con solo unos minutos en un parque y presta atención a cómo repercute en tu energía mental. Si no puedes ir al parque, sal afuera para tomar aire fresco. Aunque solo abras la ventana, estamos seguros de que te sentirás mejor. Nuestros cuerpos de cazador-recolector se sienten más vivos fuera.

Jake

Mi padre adoraba el bosque, pero era abogado y normalmente pasaba los días entre semana en oficinas y en el coche. Así que siempre que hacía una pausa entre reuniones, iba a pasear por algún parque. Cada fin de semana iba a caminar por el bosque. No importaba qué tiempo hiciera. A menos que hubiera demasiado viento y un árbol pudiera caerle encima, siempre guardaba un tiempo para pasear por la naturaleza.

Cuando era niño, creía que la obsesión de mi padre era un poco rara. Pero ahora, de mayor, lo entiendo. Cuando empecé mi carrera profesional y mi cerebro estaba inundado por el ruido sin fin y el ajetreo del mundo laboral, me di cuenta de que algo mágico ocurría cuando paseaba por el parque. Era como si mi cerebro se relajara y mis pensamientos se aclararan —no solo durante el paseo, sino incluso varias horas después—. Hoy, uno de mis hábitos diarios es correr por los bosques del parque Golden Gate. Cuando dejo atrás las calles de la ciudad y enfilo el sendero, la cabeza se despeja y el estrés se evapora. Supongo que mi padre tenía razón: los bosques son bonitos de verdad.

78. Prueba la meditación

Los beneficios de la meditación están muy bien documentados: reduce el estrés, incrementa la felicidad, recarga tu mente y estimula la concentración. Pero hay problemas. La meditación es difícil, y puedes sentirte algo estúpido practicándola. Lo entendemos, todavía nos da vergüenza hablar de la meditación. De hecho, nos da vergüenza *ahora mismo* mientras escribimos estas palabras.

Pero la meditación no es nada de lo que sentirse avergonzado. **La meditación es un respiro para tu cerebro.**

Para el ser humano, pensar es el estado por defecto. La mayor parte del tiempo es positivo. Pero pensar de manera *constante* significa que tu cerebro nunca descansa. Cuando meditas, en lugar de dejarte llevar pasivamente por los pensamientos, te quedas quieto y *notas* tus pensamientos. Eso los ralentiza y concedes una pausa a tu cerebro.

Vale, la meditación es un descanso para tu cerebro. Pero hay algo más que nos fascina: **la meditación también es un *ejercicio* para el cerebro.** Estarse quieto y percatarse de los pensamientos propios es refrescante pero, irónicamente, también requiere trabajo duro. El acto de ralentizar y percibir tus pensamientos es un esfuerzo que te deja vigorizado, justo igual que hacer ejercicio.

De hecho, los efectos de la meditación se parecen mucho a los efectos del ejercicio físico. Existen estudios que demuestran que la meditación aumenta la memoria funcional y la capacidad de mantener la concentración.[12] La meditación incluso hace más gruesas algunas

---

12 Por ejemplo, un estudio de 2013 de la Universidad de California, Santa Barbara, descubrió que los estudiantes que meditaban tan solo diez minutos al día, durante dos semanas, mejoraron su media en el GRE (el Graduate Record Examinations, un examen superdifícil) verbal de 460 a 520 puntos. Es un impulso estupendo para tu cerebro a cambio de un esfuerzo mínimo.

partes del cerebro y las fortalece, de la misma manera que el ejercicio desarrolla el músculo.[13]

Pero la meditación es, como ya hemos dicho, un trabajo duro. Y puede resultar difícil mantenerse motivado cuando los resultados, al contrario del ejercicio, no son visibles desde fuera: puede que tu córtex esté más desarrollado, pero no conseguirás marcar los músculos abdominales con la meditación.

También reconocemos que encontrar el tiempo para detenerlo todo, sentarte y percibir tus pensamientos es bastante difícil cuando tienes mil cosas por hacer. Pero la energía, la concentración y la calma mental que obtienes pueden *ayudarte a ganar tiempo* para realizar esas otras tareas. Así pues, este es nuestro consejo para meditar:

1. No pretendemos decirte *cómo* deberías meditar. No somos expertos —per sí lo es tu móvil—. Para empezar, usa una aplicación de meditación guiada (lee la historia de Jake en la página siguiente; también encontrarás en maketimebook.com nuestras recomendaciones para aplicaciones).

2. Empieza poco a poco. Incluso una sesión de tres minutos puede incrementar tu energía. Diez minutos es genial.

3. No tienes por qué sentarte en la posición de loto. Intenta la meditación guiada mientras estás en el autobús o mientras estás estirado, andando, corriendo o incluso comiendo.

4. Si no te sientes cómodo con la palabra *meditación*, llámalo de otra manera. Prueba con «momento de tranquilidad», «descansar», «tomarse una pausa» o «hacer Headspace» —o cualquier otra aplicación que uses—.

---

13 En 2006, investigadores de Harvard, Yale y MIT colaboraron, usando escáneres MRI, para comparar los cerebros de personas experimentadas en la meditación con los de otras que no meditaban. Descubrieron que los que meditaban tenían el córtex más grueso en áreas asociadas con la atención y la percepción sensorial.

5. Alguna gente dice que la meditación solo da resultados si la practicas sin necesidad de ayuda durante largos periodos de tiempo. Esa gente es ignorante. Si a ti te funciona y eres feliz, puedes continuar haciendo sesiones cortas de meditación guiada para siempre.

Jake

Durante años escuché las grandezas de la meditación, pero no podía ponerme a ello. Luego mi compañera me persuadió para probar la aplicación Headspace en mi iPhone. «Te gustará», me dijo. «Andy es muy ameno».

Andy es Andy Puddicombe, cofundador de Headspace y la voz que escuchas a través de los auriculares. Tuve que acostumbrarme a su acento británico, pero Holly tenía razón. Me gustó mucho.

Empecé a hacer un seguimiento de cómo me sentía después de cada sesión, para verificar si Headspace mejoraba mi concentración. La mejoraba.

¿VALE LA PENA HEADSPACE?

- 19 abril 10 min SÍ
- 20 abril 10 min SÍ (más fácil concentrarme, más calmado)
- 21 abril 10 min SÍ (movimientos más lentos y más pensados al empezar a trabajar)

Luego empecé a usar una función de la aplicación que sigue los días consecutivos que has meditado. Finalmente, dejando tiempo para sesiones cortas en el bus ¡conseguí hacer 400 días consecutivos!

A medida que iba usando Headspace, me resultaba más fácil concentrarme durante periodos largos. Mis pensamientos eran más claros. Además, aunque sé que suena raro, tenía más ganas de ser yo mismo —y *creo* que es algo positivo—.

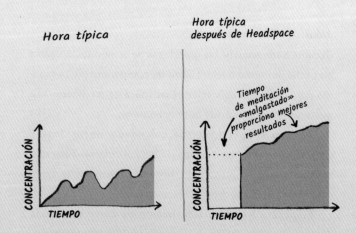

Usar la tecnología para combatir el estrés y las distracciones de la vida moderna —cuando una gran parte de ellos proviene, por supuesto, de la tecnología— puede parecer contraintuitivo, pero esa aplicación para meditar funcionó muy bien en mi caso. Si sientes curiosidad, pruébala.

79. Deja los auriculares en casa

Los auriculares son fantásticos. No les damos demasiada importancia, pero el poder que nos confieren de escuchar cualquier cosa, en cualquier lugar y en privado es, como mínimo, fascinante. Puedes ir a correr con Malcolm Gladwell, subir el volumen con Joan Jett mientras trabajas o escuchar un pódcast de Dungeons & Dragons mientras estás en un avión repleto de gente. Nadie sabe lo que escuchas. Es tu pequeño universo, en estéreo.

Así pues, pasamos gran parte de esta vida moderna usando auriculares con los que llenamos mucho espacio del día que sin ellos sería silencioso. Pero, si te pones los auriculares cada vez que trabajas, caminas, haces deporte o viajas, tu cerebro nunca descansa. Incluso un álbum que has escuchado cientos de veces aún requiere un poco de trabajo mental. Tu música, tu pódcast o tu audiolibro te alejan del aburrimiento, pero el aburrimiento crea espacio para pensar y concentrarte (#57).

Tómate un descanso y deja los auriculares en casa. Escucha solo los sonidos del tráfico, del teclado o de tus pasos sobre la acera. Resístete a la necesidad de llenar ese espacio vacío.

No te estamos diciendo que deberías dejar de usar auriculares por completo. Sería demasiado hipócrita, porque nosotros también los utilizamos casi a diario. Pero un descanso ocasional de auriculares de un día, o aunque solo sea una hora, es una manera fácil de poner tranquilidad en tu día y de darle un momento a tu cerebro para recargarse.

80. Tómate pausas reales

Es tremendamente tentador ir a Twitter, Facebook o a cualquier otra «piscina infinita» para darte un descanso del trabajo. Pero ese tipo de pausas no renuevan ni relajan tu cerebro. Por un lado, cuando ves algún titular que te preocupa o alguna foto de un amigo que te causa algo de envidia, te sientes más estresado, no menos. Y, si estás en tu mesa de trabajo, las pausas con «piscinas infinitas» te mantienen enganchado a la silla y te alejan de actividades que proporcionan energía, como moverse y hablar con los demás.

En lugar de eso, intenta tomarte pausas sin pantallas: mira por la ventana —es bueno para tus ojos—, sal a pasear —es bueno para tu mente y tu cuerpo—, ve a buscar un tentempié —es bueno para tu energía si estás hambriento— o habla con alguien —en general, es bueno para tu estado de ánimo, a menos que hables con un idiota—.

Si por defecto tu pausa consiste en navegar por una «piscina infinita», tendrás que cambiar de costumbre —y hacerlo, como ya hemos dicho, no es fácil—. Sabemos que esas tácticas «obstáculos a las distracciones» que has leído hasta ahora te ayudarán: tener un móvil sin distracciones (#17), cerrar la sesión de páginas adictivas (#18) y recoger los juguetes cuando hayas terminado (#26). Pero una vez que empieces a tomarte pausas en el mundo real, creemos que las vas a adorar. Con más energía es más fácil volver al modo Láser y mantenerte concentrado en tu Prioridad.

JZ

Incluso cuando uso las tácticas de Make Time, todavía escucho el canto de sirena de las «piscinas infinitas». Después de una buena hora de trabajo productivo, y aunque sea de solo quince minutos, a menudo pensaré: «Vaya, he trabajado un buen rato. ¡Podría regalarme un rato en Twitter!».

Pero es fascinante comprobar cómo una pequeña barrera puede suprimir ese impulso y recordarme que debería tomar un descanso real. Por ejemplo, cuando intento ir a Twitter y veo la página de inicio de sesión en la pantalla de mi ordenador, recuerdo: «Ah, sí, debería tomarme una pausa real». Esto se ha convertido en mi nueva rutina y en mi nuevo hábito predeterminado.

Jake

Me encanta tomarme pausas en el mundo real, pero a veces no son suficientes. Cuando he estado trabajando su perduro y empiezo a notar que mi cerebro se agota, como si la cabeza fuera una esponja escurrida, sé que es hora de tomarme una megapausa: lo paro todo y miro una película entera. ¿Por qué una película? Al contrario de una serie de televisión, una película es relativamente corta y es finita. Al contrario de los medios sociales, el correo electrónico o las noticias, no sufriré ansiedad. Es puro escapismo y una oportunidad para mi cerebro para detenerme y relajarme sin el riesgo de caer en un cráter del tiempo de una distracción que agota toda la energía.

Que sea algo personal

81. Pasa tiempo con tu tribu
82. Come sin pantallas

81. Pasa tiempo con tu tribu

Todos nosotros, incluidos los más introvertidos, tenemos una necesidad innata para la conexión humana. No debería sorprendernos; después de todo, Urk vivía en una tribu de unas cien o doscientas personas. Los humanos evolucionamos para prosperar en comunidades estrechamente unidas.

Pero hoy en día es difícil encontrar tiempo para el cara a cara. Si vives en una ciudad, es probable que ayer vieras a más humanos que los que Urk vio en toda su vida. Pero ¿con cuántos de ellos hablaste? ¿Y cuántas de esas conversaciones fueron significativas? Es una ironía cruel del mundo moderno que rodeados de tanta gente, estemos más aislados que nunca. Eso es muy importante, especialmente si se consideran los hallazgos del estudio sobre el desarrollo de los adultos llevado acabo por Harvard lo largo de 75 años: la gente con relaciones sólidas son más propensos a vivir más, con más salud y con más plenitud. No te estamos diciendo que hablar con extraños en la cola del supermercado te ayudará a vivir hasta los 100 años, pero pasar tiempo con gente cara a cara puede ser un magnífico impulso energético.

Incluso estando en el siglo XXI, tienes una tribu. Si trabajas en una oficina, tienes colegas. En tu familia, tendrás hermanos, padres, hijos o alguien a quien amas. Y tienes —eso esperamos— amigos. Está claro, esas personas harán que te enfades o que te sientas frustrado algunas veces; pero, por lo general, pasar tiempo con ellas te proporcionará energía.

Cuando decimos «pasar tiempo» queremos decir tener conversaciones reales con tu voz, no solo comentando en las redes sociales, clicando en los corazones y en los «me gusta», o enviando correos electrónicos, mensajes de texto, fotos, emojis y GIFs animados. La comunicación a través de pantalla es eficiente, pero eso representa parte del problema: es tan fácil que a menudo reemplaza a conversaciones en la vida real más valiosas.

Por supuesto, no todo el mundo puede animarnos; pero todos conocemos a *unas cuantas* personas que nos proporcionan energía *casi* siempre que hablamos con ellas. Te proponemos que pruebes un experimento muy sencillo:

1. Piensa en una de esas personas que te dan energía.
2. Mantén una conversación real con esa persona. Puedes hacerlo en persona o por teléfono, pero tienes que usar la voz.
3. Al terminar, toma nota de tu nivel energético.

Esa conversación puede ser una comida con tu familia o una llamada con tu hermano. Puede ser con un viejo amigo o con alguien a quien justo acabas de conocer. El tiempo y el lugar no importan, siempre y cuando uses tu voz. Aunque solo sea una vez por semana, contacta con amigos a los que admiras, que te inspiran, que te hacen reír, que te permiten ser tú mismo. Pasar tiempo con personas interesantes y que te proporcionan energía es una de las mejores —y más placenteras— maneras de recargar la batería.

Jake

Tengo una lista de «proveedores de energía» en mi aplicación de notas en el móvil: gente que me impulsa a cada paso que hago cuando estoy con ellos. Sí, es raro —y puede que algo enfermizo—, pero me ayuda a recordar que invertir tiempo en hacer un café o en comer con uno de esos amigos en realidad me proporciona más tiempo para el día, porque después me siento con más energía.

82. Come sin pantallas

Cuando comes sin pantallas, estás poniendo en práctica tres de los cinco principios de Energía a la vez. Es menos probable que comas comida basura sin pensar, es más probable que mantengas una conversación cara a cara con otro humano, y estás creando un espacio en tu día para dar un respiro a tu cerebro, alejándolo del ajetreo habitual. ¡Y todo eso mientras haces algo que tienes que hacer de todas formas!

Jake

De pequeño, mi familia cenaba mirando la televisión. Así que me sorprendió ver que la familia de mi novia/futura esposa cenaba en la mesa. Me parecía tan anticuado. ¿Esperaría ella que yo hiciera lo mismo? Pero por aquel entonces Holly y yo no teníamos televisor, así que cuando empezamos a vivir juntos, adoptamos la costumbre de su familia.

Pero ese hábito se arraigó incluso cuando nos compramos un televisor. Cuando tuvimos a nuestros hijos, ya me había olvidado de que solía comer delante del televisor. Y ahora, cada día, los cuatro nos sentamos para comer juntos. Sin televisión, sin teléfonos, sin iPads. Es verdad que esta costumbre me ha alejado de la cultura pop, pero en absoluto cambiaría las horas extras que me ha dado con mi compañera y mis hijos.

Duerme en una cueva

83. Convierte tu dormitorio en una habitación para dormir

Para Urk, la hora de irse a la cama marcaba el fin de un proceso de horas para reducir, de forma gradual, los estímulos mentales y pasar al sueño. Cuando miras los medios sociales, el correo electrónico o las noticias antes de irte a la cama, estás saboteando ese proceso. En lugar de bajar las revoluciones, estás dándole gas a tu cerebro. Un correo electrónico fastidioso o unas noticias estremecedoras pueden acelerar tu mente y mantenerte despierto durante horas.

Si quieres mejorar el sueño, aleja el móvil de la cama —siempre—. Y no te pares aquí. Saca *todos* los dispositivos electrónicos para transformar tu dormitorio en un santuario para el sueño. Sin televisor, sin iPad. Sin Kindles con luz de fondo. En otras palabras: convierte tu dormitorio en una habitación para dormir.

La televisión presenta sus propios retos. Un televisor en el dormitorio abre la puerta a una tentación difícil de resistir. No tienes que hacer nada para estar entretenido, ¡la tele lo hace todo! La televisión es particularmente peligrosa por el tiempo que implica. Pierdes sueño cuando la miras, y sigues perdiéndolo después de apagarla mientras esperas a que tu estimulado cerebro cambie al modo de sueño.

Leer en la cama es una alternativa fantástica, y los libros y las revistas de papel son la mejor opción. Un Kindle también está bien, porque no hay aplicaciones y otras distracciones; solo asegúrate de apagar la luz de fondo blanca.

Puede ser difícil dejar los dispositivos fuera del dormitorio, pero es más fácil cambiar el entorno que fiarte de tu fuerza de voluntad para cambiar tu comportamiento. Hazlo todo a la vez y que sea permanente: saca el televisor del dormitorio, desenchufa el cargador del móvil y ponlo fuera de la habitación.

Habrá un dispositivo que querrás tener en tu dormitorio: un despertador. Elige un modelo simple con una pantalla que no sea demasiado brillante —o sin pantalla si no te molesta el tic tac—. A ser posible, colócalo en una cómoda o en una estantería al otro lado de la habitación. Así no verás la luz y te ayudará a despertar: cuando suene la alarma, no tendrás más opción que levantarte de la cama, estirar las piernas y apagarla. Creemos que esa es una mejor forma de empezar el día que hurgar por tu móvil.

84. Simula la puesta de sol

Cuando vemos luz brillante, nuestro cerebro piensa: «Se ha hecho de día. ¡Es hora de levantarse!». Es un sistema antiguo y automático. Para Urk, el sistema funcionaba muy bien: se quedaba dormido cuando oscurecía y se despertaba cuando salía el sol. El ciclo natural del día le ayudaba a regular el sueño y la energía.

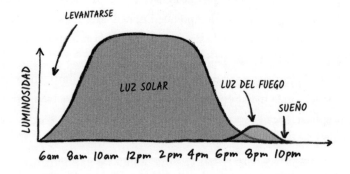

Pero, para los humanos modernos, se plantea un problema: entre las pantallas y las bombillas, estamos simulando la luz solar justo hasta que nos metemos en la cama. Es como si dijéramos a nuestros cerebros: «Es de día, es de día, es de día, es de día... ¡VAYA! SE HA HECHO DE NOCHE, VETE A LA CAMA». No es de extrañar que tengamos problemas para conciliar el sueño.

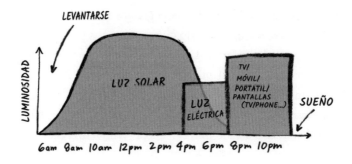

LOS DÍAS MODERNOS

No somos los primeros en señalar este problema. Durante años, nos han estado diciendo que deberíamos evitar mirar el móvil o el portátil en la cama. Es un buen consejo, pero no es suficiente. Cuando JZ intentaba convertirse en un madrugador, se dio cuenta de que necesitaba una estrategia de mayor envergadura. Precisaba simular la puesta de sol.

Te explicamos cómo hacerlo:

1. Empezando cuando cenas o unas horas antes de tu horario ideal para irte a la cama, apaga las luces de tu casa. Apaga las luces fuertes del techo y enciende las lámparas de mesa de luz más suave. Si quieres puntos extra, enciende velas para cenar.

2. Habilita el «modo noche» en el móvil, el ordenador y el televisor. Esa función cambia los colores de pantalla del azul al rojo y naranja. En lugar de ver un cielo brillante, es como sentarse delante de una fogata.

3. Cuando te vayas a la cama, deja todos los dispositivos fuera del dormitorio (#83).

4. Si la luz del día o la de la calle todavía entran en tu dormitorio, intenta con un antifaz para dormir. Sí, te verás ridículo, pero funciona.

Si a menudo te sientes aletargado o con poca energía por la mañana, también puedes simular la salida del sol. En los últimos años, se han empezado a comercializar luces automáticas de simulación de la salida del sol más pequeñas y más económicas gracias a las mejoras en tecnología LED, y gracias a un mercado que se preocupa por la salud y que odia las mañanas de invierno. La idea es simple: antes de que suene el despertador, una luz brillante se va encendiendo de forma gradual, simulando una salida del sol perfecta y justo a tiempo, engañando a tu cerebro para que se vaya despertando. Hacer eso y apagar las luces brillantes al atardecer será lo más cercano a vivir en una cueva.

85. Apáñatelas para dormir la siesta

Dormir la siesta te hace más listo. En serio. Una gran cantidad de estudios[14] demuestran que la siesta mejora el estado de alerta y el rendimiento cognitivo durante la tarde. Como siempre, hemos puesto a prueba la ciencia nosotros mismos.

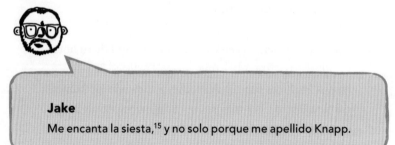

Jake
Me encanta la siesta,[15] y no solo porque me apellido Knapp.

---

14 De verdad que hay muchos, pero el más influyente fue uno de 1994 que desarrolló la NASA para pilotos de vuelos comerciales transcontinentales. Los investigadores descubrieron que los pilotos que dormían la siesta mejoraron su desempeño un 34%. Este estudio fue particularmente decisivo porque (a) todos queremos que nuestros pilotos hagan un buen trabajo y (b) estamos todos de acuerdo de que en la NASA son tremendos.

15 «Nap», *siesta* en inglés (N. de la T.).

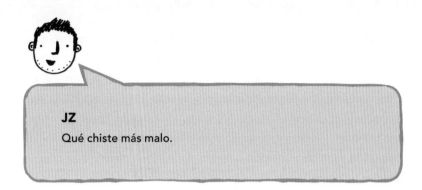

No tienes ni por qué quedarte dormido. Solo con tumbarte y descansar de diez a veinte minutos ya es una manera estupenda de recargar la batería.

Pero la verdad es que no es fácil dormir la siesta cuando trabajas en una oficina. Incluso en las oficinas con salas para la siesta —hemos trabajado en ellas—, mucha gente cree que no tiene tiempo para dormir la siesta. Y seamos sinceros: con sala o sin sala, sigue resultándonos extraño dormir en la oficina. Si no puedes hacerlo en la oficina, intenta hacerlo en casa. Aunque solo hagas la siesta los fines de semana, te beneficiará.

86. Evita los *jet lags*

A menudo, a pesar de nuestros esfuerzos, vamos arrastrando sueño. Tenemos una semana complicada, un vuelo con malos horarios o alguna preocupación que nos estresa y no nos deja dormir. Terminamos con la sensación, ya demasiado familiar, de sentirnos agotados.

Hablamos de los retos de dormir bien con nuestra amiga Kristen Brillantes, que resulta ser una de las personas más ambiciosas y productivas que conocemos (la recordarás del método Sour Patch Kid para decir que no de la táctica #12). Además de su trabajo como diseñadora de producto en Google, es propietaria de una *gastroneta* y es *coach* para todo tipo de emprendedores y jóvenes profesionales.

«Es tentador intentar recuperar el sueño durmiendo hasta tarde», nos decía Kristen. «El problema es que no funciona».

Nos explicó que dormir mucho los fines de semana es como darte a ti mismo *jet lags*: confunde a tu reloj interno y dificulta todavía más compensar el déficit original. Así pues, recomienda hacer lo mismo que harías si viajaras a una zona horaria distinta: resistir la tentación de dormir hasta tarde e intentar ajustarte lo máximo posible a tu horario regular.

«La deuda de sueño» existe, y no es buena para la salud, ni para el bienestar, ni para la concentración. Pero un sábado de dormir hasta mediodía —por muy glorioso que suene— no te pagará esa deuda. En lugar de eso, tienes que ir quitándotela de encima usando las tácticas de este capítulo, que te ayudarán a recuperar el sueño durmiendo bien día a día. Así que mantén tu batería cargada y no cambies la alarma del despertador ningún día, ya sea un día laboral, el fin de semana o durante las vacaciones.

———

Tenemos un apunte final que darte para acumular energía. Si estás en una etapa de la vida en que tu responsabilidad primordial es cuidar de alguien —ya sea un niño pequeño, tu cónyuge, un amigo o un familiar—, algunas de estas tácticas te resultarán algo autocomplacientes, si no totalmente irrealizables. Si es así, queremos sugerirte una táctica especial, diseñada para darte permiso para que cuides de ti mismo.

87. Colócate la máscara de oxígeno tú primero

Cuando la esposa de Jake se quedó embarazada de su primer hijo, fueron a clases para padres primerizos. El maestro les ofreció un consejo muy valioso: colocaos la máscara de oxígeno vosotros primero.

En los aviones, insisten en que debemos ponernos nuestras máscaras de oxígeno antes de asistir a los demás pasajeros. La razón detrás de eso es que, si la presión de la cabina desciende —no hay que pensar en *ello* demasiado—, todos los pasajeros necesitarán oxígeno. Pero, si intentas estar sin oxígeno intentando ayudar a alguien... bueno, pues no resultará de gran ayuda, ¿verdad? Parecerá heroico, pero no es muy sabio.

Un recién nacido se parece bastante a una pérdida de presión en cabina, y, si no te cuidas a ti mismo —un poco, como mínimo—, no serás un buen cuidador. Esto significa que tienes que maximizar tu energía comiendo lo mejor que puedas y aprovechando las horas de sueño que tengas. Tienes que encontrar la manera de hacer pequeñas pausas y de mantenerte cuerdo. En otras palabras, debes colocarte la máscara de oxígeno tú primero.

Incluso si estás al cuidado de alguien que no sea un recién nacido, es importante que tengas presente este consejo. Las necesidades diarias de otra persona, en especial de alguien a quien quieres, pueden consumir cantidades extremas de energía emocional y física. Insistimos, sabemos que la idea de probar algunas de estas tácticas —ir a pasear, pasar tiempo solo o practicar algún tipo de ejercicio— parecerá egoísta. Pero recuerda, todas las tácticas de esta sección están pensadas para proporcionarte la energía para ganar tiempo para aquello que más te importa. Si estás cuidando de un ser querido, ¿qué hay más importante que esto?

Reflexión

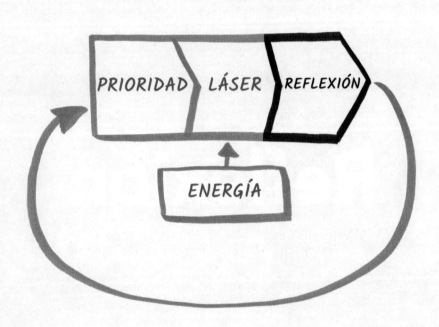

La ciencia y la vida diaria no pueden
y no deben estar separadas.

—ROSALIND FRANKLIN

Bienvenidos al cuarto y último paso del método Make Time. En Reflexión, usarás un poco de ciencia para personalizar el sistema pensando en ti: tus hábitos, tu estilo de vida, tus preferencias e incluso tu cuerpo, que es único.

Ajusta los días con el método científico

No te preocupes, la ciencia es simple. Es verdad, algunas partes —los aceleradores de partículas, la astrofísica, los torpedos de fotones— pueden ser algo complicadas. Pero el método científico en sí es claro:

1. **OBSERVA** qué está pasando.
2. **INTUYE** por qué las cosas están pasando de esta manera.
3. **EXPERIMENTA** para probar tu hipótesis.
4. **MIDE** los resultados y decide si estabas en lo cierto.

Consiste más o menos en esto. El conocimiento científico que hay detrás de todo —desde el WD-40 hasta el telescopio espacial Hubble— proviene de los cuatro pasos anteriores.

Make Time también usa el método científico. Todo en este libro se basa en nuestras observaciones acerca del mundo moderno, y en nuestras intuiciones sobre por qué a nuestro tiempo y a nuestra atención les ocurren cosas malas. Make Time se puede reducir a estas tres hipótesis:

La hipótesis Prioridad
Si te propones una única intención al empezar el día, intuimos que estarás más satisfecho, más alegre y serás más efectivo.

La hipótesis Láser
Si sales del «club de los ajetreados» y pones barreras a las «piscinas infinitas», intuimos que centrarás tu atención como un rayo láser.

La hipótesis Energía
Si vives más como un humano prehistórico, intuimos que aumentará tu energía mental y física.

Las tácticas de este libro son ochenta y siete experimentos para probar estas hipótesis. Las hemos probado nosotros mismos. Pero solo tú puedes probarlas para ti mismo. Y para hacerlo necesitas el método científico. Necesitas medir los datos —no en un estudio con el método de doble ciego con estudiantes universitarios inconscientes, o en un laboratorio estéril— sino en tu propia vida diaria.

Tú eres la base de este experimento, y tus resultados son los únicos que importan de verdad. La Reflexión (*reflect*) se refiere a esta ciencia del día a día.

Toma notas para hacer un seguimiento de los resultados (y para que seas honesto)

Recopilar los datos es superfácil. Cada día reflexionarás si has dejado tiempo para tu Prioridad y si has podido concentrarte en ella. Tomarás nota de cuánta energía has obtenido. Repasarás las tácticas que has usado, apuntarás algunas observaciones sobre lo que ha funcionado y lo que no, y esbozarás un plan para las tácticas que probarás el día siguiente.

Ese paso solo te tomará unos minutos; no tienes más que responder a estas simples cuestiones:

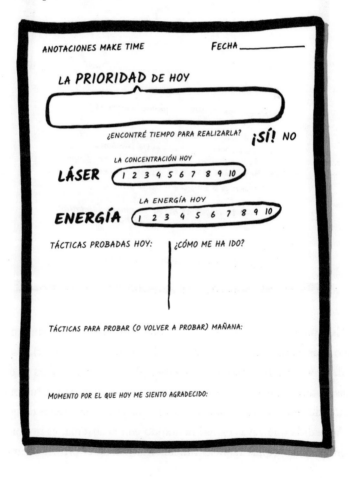

Ahí va un ejemplo de cómo podrían ser las anotaciones en un día normal y corriente.

Esta página está diseñada para ayudarte a hacer un seguimiento de cómo usas Make Time, por supuesto. Pero también está diseñada para ayudarte a aprender cosas sobre *ti mismo*. Al cabo de unos días de tomar notas, estarás más atento con lo que afecta a tu energía y a tu concentración durante el día, y controlarás más hacia dónde quieres dirigirlas.

A medida que vayas experimentando con el sistema, es importante recordar que algunas tácticas funcionarán desde el primer momento, pero otras requerirán paciencia y perseverancia. A veces, es necesario hacer ensayo y error para conseguir que una táctica se ajuste a tu vida (¿Debería correr o hacer bicicleta estática? ¿Antes de ir a trabajar, a la hora de la comida o por la tarde?). Si al principio no lo logras, no seas duro contigo mismo. Date tiempo y usa las anotaciones para hacer el seguimiento de tu enfoque y pulirlo. Recuerda que no buscamos la perfección. No se trata de aplicar todas las tácticas todo el tiempo, ni de aplicar algunas tácticas todo el tiempo. Te tomarás días de descanso y semanas de descanso, y no pasará nada. Puedes volver a empezar con los experimentos en cualquier momento, y puedes hacer tanto o tan poco como sea oportuno.

El propósito principal de las anotaciones es medir los resultados de los experimentos; pero te habrás dado cuenta de que hemos incluido una pregunta acerca de la gratitud. Los rituales de gratitud han estado presentes en distintas culturas durante milenios: son centrales en el budismo y el estoicismo; están en la Biblia; forman parte de la ceremonia del té en Japón; y, por supuesto, son la base de —y dan nombre a— nuestro Día de Acción de Gracias. Pero, además de su ilustre historia, incluimos la gratitud por una razón muy simple: queremos darle una orientación a los resultados de tus experimentos.

Cambiar los hábitos por defecto no siempre resulta fácil, así que es útil repasar el día con un poco de gratitud. A menudo, te encontrarás que, incluso si muchas cosas no han ido como querías, tu dedicación a ganar tiempo todavía se ve compensada con un momento por el que te sientes agradecido. Cuando eso ocurre, el sentimiento de gratitud se convierte en un incentivo muy poderoso para volver a dar los pasos el día siguiente.

Al final del libro encontrarás una página con una hoja de anotaciones vacía. Puedes fotocopiarla o ir a maketimebook.com, donde encontrarás un PDF para imprimir y una gran variedad de formatos, tanto en papel como digitales. Por supuesto, también puedes contestar a las preguntas en un papel normal o en cualquier bloc de notas.

Asimismo, te recomendamos que programes alarmas recurrentes en tu móvil para ayudarte a reforzar los hábitos de Make Time. Es tan sencillo como decir: «Oye, Siri,[1] cada día a las nueve de la mañana, recuérdame que elija una Prioridad» y «Cada día a las nueve de la noche, recuérdame que tome notas de cómo me ha ido el día».

Reflexionar sobre cómo te ha ido el día puede convertirse en un hábito permanente, pero no pasa nada si solo lo haces las primeras dos semanas. No deberías tomarte las anotaciones de Make Time como una obligación más en tu vida; no es más que una manera de aprender de ti mismo y de ajustar el sistema para que se adapte a tus necesidades.

Los pequeños cambios proporcionan grandes resultados

Al principio del libro hemos hecho unas afirmaciones un tanto alocadas. Hemos dicho que era posible ralentizar el ritmo trepidante de la vida moderna, sentirnos menos ocupados y disfrutar más de nuestros días. Ahora que hemos recorrido los cuatro pasos, es hora de repasar estas afirmaciones. ¿De *verdad* puedes ganar tiempo cada día?

Debemos admitir que no tenemos un botón de reinicio para tu vida. Si hoy tienes que contestar a quinientos correos electrónicos, seguramente que no conseguirás no contestar a ninguno mañana. Si tu agenda estaba repleta esta semana, lo más probable es que también lo esté la semana que viene. No pretendemos borrar tu agenda ni congelar tu bandeja de entrada.

Pero unos cambios tan radicales como estos no son necesarios. Hay una premisa invisible detrás de Make Time: *ya* estás cerca. Puedes tomar las riendas con tan solo unos pequeños cambios. Si reduces unas cuantas distracciones, si aumentas solo un poco la energía física y mental, y si centras la atención en un solo punto luminoso, un día sin emociones puede convertirse en un día extraordinario. No requiere una agenda vacía —solo entre sesenta y noventa minutos de atención centrada en algo especial—. El objetivo es encontrar tiempo para lo que importa, encontrar el equilibrio y disfrutar del día un poco más.

---

1   O «Ok, Google», «Hola, HAL» o lo que sea.

Jake

En 2008 empecé a tomar notas a diario para hacer un seguimiento de mis niveles de energía, y para intentar averiguar cómo mejorarla. Te muestro un fragmento:

17 de noviembre
Nivel de energía: 8

Tácticas probadas hoy:
He hecho ejercicio durante 30 minutos por la mañana.

¿Cómo me ha ido?
Creo que me he sentido mucho mejor después de hacer ejercicio. Debería hacerlo más a menudo. Me concentré durante tres horas seguidas por la mañana, pero después de la comida estaba cansado. Había un postre delicioso y he comido dos raciones (pastel de chocolate). Creo que no debería comer postre después de la comida.

Estas anotaciones están llenas de sabiduría: el ejercicio por la mañana me dio un empujón,[2] el postre de la comida me hizo sentir pesado toda la tarde, y tres horas debe ser mi límite de trabajo estando concentrado.

Claro, no descubrí nada nuevo («el ejercicio es beneficioso, el azúcar es perjudicial»). Pero, incluso si todo de-

---

2   Esto fue poco después de darme cuenta del «no te hagas el héroe» a la hora de hacer ejercicio (#61).

bería ser obvio, anotarlo por mí mismo fue poderoso. Una cosa es leer un estudio de investigación en las noticias, y otra cosa es experimentar los resultados de primera mano.

Las notas diarias me ayudaron a identificar tanto las dificultades que debía evitar, como los puntos que debía repetir. Empecé a encontrar maneras de mover el cuerpo por la mañana y, al cabo de un par de meses, el ejercicio matutino empezó a convertirse en rutina. Ajusté mis horarios para comer más temprano, antes de que estuviera hambriento; lo que me ayudó a cambiar el hábito y a comenzar a comer alimentos más ligeros y que aportan más energía.

Mis primeras anotaciones eran sobre la energía, pero luego intuí que también me resultaría útil hacer un seguimiento de las tácticas para la Prioridad y para el Láser. Esos experimentos en primera persona me ayudaron a comprender las tácticas y a ajustarlas a mi propia versión del sistema. Además, la reflexión a diario cambió mi actitud de manera positiva: soy más diligente cuando alguien me observa, incluso si este alguien soy yo.

Empieza hoy mismo lo de «algún día»

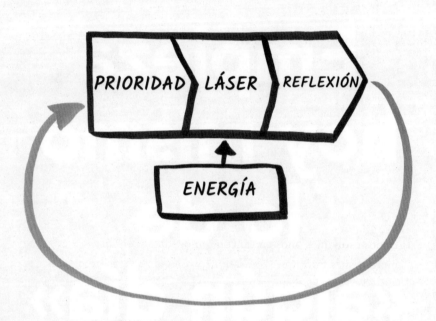

No te preguntes qué necesita el mundo.
Pregúntate qué te hace sentir vivo, y luego hazlo.
Porque lo que necesita el mundo
son personas que se sientan vivas.

—HOWARD THURMAN

Ambos estuvimos años en Silicon Valley, donde uno de los términos empresariales favoritos es *pivotar*. En el mundo de las empresas emergentes, pivotar es cuando una empresa empieza haciendo una cosa, pero se da cuenta de que una idea relacionada —o a veces sin que tenga relación alguna— es más prometedora. Si tienen la confianza —y la financiación— suficiente, pivotarán hacia la nueva dirección.

Algunos de esos pivotes en empresas emergentes han sido un éxito rotundo. Una herramienta comercial llamada Tote pivotó y se convirtió en Pinterest. Una empresa de pódcast llamada Odeo pivotó y se convirtió en Twitter. Una aplicación para registrarse en restaurantes y bares llamada Burbn se convirtió en Instagram. Y una compañía que desarrollaba un sistema operativo para cámaras se convirtió en Android.

Cuando te hayas acostumbrado a las herramientas y tácticas de Make Time, te sentirás listo para realizar tu propio pivote. A medida que vayas ajustando tus intereses eligiendo las prioridades, y que vayas aumentando tu concentración con el modo Láser, verás cómo van emergiendo nuevos intereses y puntos fuertes —además de conseguir la confianza para observarlos y ver adónde te llevan—. Exactamente eso nos ocurrió a nosotros dos.

Jake

Empecé a experimentar con el tiempo para ser más productivo en el trabajo, pero el resultado fue mucho más allá. Las tácticas de este libro me ayudaron a encontrar el equilibrio entre el trabajo y el hogar. Cambiando un poco mis días sentí que tenía mucho más control. A medida que iba aprendiendo cómo ganar tiempo para mis prioridades, empezaron a emerger proyectos interesantes, como por ejemplo desarrollar el método de los esprints de diseño, presentarme a exposiciones de arte con mis hijos y, por supuesto, escribir. Empezar y acabar mi primer libro fue duro, pero Make Time me ayudó a conseguirlo.

Con el tiempo, algo extraño sucedió. Cuanto más tiempo ganaba para escribir, más me apetecía escribir. Al final decidí hacerlo a tiempo completo. Ese gran cambio en mis prioridades no ocurrió de la noche a la mañana. Fue como una bola de nieve montaña abajo, creciendo cada vez más. Pasaron siete años desde que empecé a ganar tiempo para escribir por las tardes, en 2010, hasta que me convertí en un escritor a tiempo completo, en 2017. Pero, cuando llegó la hora, fue fácil tomar la decisión de dejar Google —que antes me habría parecido una locura—. Tenía muy claro lo que quería, y tenía la confianza para saber que podía intentarlo.

MAKE TIME

JZ

Igual que Jake, empecé a usar las tácticas de este libro para ser más eficiente en el trabajo; pero, con el tiempo, me di cuenta de que no deseaba usar mi energía y mi atención aumentadas para ascender en la escalera corporativa. En lugar de eso, emergió una nueva prioridad: la navegación. Cuanto más tiempo invertía en la navegación, más satisfacción obtenía. Pero, al contrario del trabajo, la satisfacción que obtenía de la navegación no estaba ligada a recompensas externas; se trataba de una motivación intrínseca que llegó de aprender habilidades manuales, de ver el mundo desde otro prisma y de disfrutar del proceso.

Empecé buscando maneras de ganar tiempo para salir a navegar. Y con las tácticas de este libro, esto es exactamente lo que hice. Michelle y yo empezamos a explorar la posibilidad de llevar una vida bajo las velas: vivir a bordo del velero, viajar cuando nos apeteciera y comprometernos más firmemente con nuestra pasión fuera de la oficina. En 2017, fuimos a por ello. Dejamos nuestros trabajos y nuestro apartamento, nos mudamos al barco y empezamos a navegar por la costa del Pacífico desde California hasta México y América Central.

Al meterme de lleno con la navegación, otras prioridades se fueron disipando. Dejar la vida corporativa para navegar y viajar a tiempo completo quería decir que dejaba atrás un puesto de trabajo y una fantástica oficina, un buen salario y una bonificación anual. Pero para mí, después de haber pasado años siguiendo el sistema que acabas de leer en este libro, hacer el cambio resultó fácil. Sabía muy bien para qué quería ganar tiempo, y así lo hice.

Durante gran parte de nuestras carreras, ambos estuvimos demasiado distraídos, confusos, ocupados y exhaustos para ganar tiempo para las cosas que más nos importaban. Primero, Make Time nos ayudó a tomar el control. Con el tiempo, nos ayudó a empezar aquellos proyectos de «algún día» que habíamos estado posponiendo durante años, y que podíamos haber estado haciéndolo de manera indefinida. Cuando creas el hábito de fijar *tu propia* y más importante prioridad, la vida diaria cambia. Puede que encuentres tu brújula interna perfectamente alineada con tu trabajo actual, en cuyo caso ahora serás mucho más capaz de identificar y actuar ante las oportunidades más importantes. Más tiempo podría suponer un impulso a largo plazo y sostenido para tu carrera profesional. Tus aficiones y proyectos paralelos, fortalecidos con Make Time, podrían ser un complemento perfecto.

Pero también es posible que esos proyectos paralelos vayan cobrando vida por sí solos de manera gradual. Podría emerger un nuevo, e inesperado, camino. Y podrías verte a ti mismo preparado para emprender ese camino y ver adónde te lleva.

Seamos claros, no te estamos proponiendo que dejes tu trabajo y te vayas a navegar por el mundo —a menos que sea lo que realmente desees hacer, que si fuera el caso deberías enviar un correo electrónico a JZ y pedirle consejo—. Y debemos insistir en que no estamos declarando que lo tenemos todo pensado —¡ni mucho menos!—. Estamos constantemente equilibrando nuestras prioridades, y es muy poco probable que lo que estamos haciendo ahora será lo que hagamos dentro de dos, cinco o diez años. Cuando leas esto, ya habremos cambiado de camino, y no pasa nada. Siempre y cuando ganemos tiempo para lo que nos importa, el sistema estará funcionando.

Da igual si tu objetivo es encontrar más equilibrio en tu vida, o crecer dentro de tu profesión o incluso pivotar hacia otro objetivo, nuestra predicción es que Make Time creará más tiempo y atención para las cosas que te apasionan. Como Howard Thurman dijo, el mundo necesita personas que se sientan vivas. No esperes a «algún día» para ganar tiempo para lo que te hace sentir vivo. Empieza hoy mismo.

GUÍA RÁPIDA DEL MÉTODO MAKE TIME

Hay cantidad de tácticas en este libro. Si no sabes por dónde empezar, prueba esta receta:

Prioridad: planea tu prioridad (#8)
Es una manera simple de ser proactivo, de dar forma a tu día y de romper el círculo de reacción.

Láser: bloquea la criptonita de la distracción (#24)
Libérate de una «piscina infinita» y observa cómo cambia tu atención.

Energía: ponte en marcha (#62)
Unos minutos andando a diario vigorizan tu cuerpo y calman tu mente.

Reflexión: reflexiona al final del día durante tres días
No te preocupes, no tendrás que comprometerte a escribir un diario cada noche toda la vida —nosotros tampoco lo hacemos—. Solo prueba con las tres tácticas de arriba y, durante tres días consecutivos, toma notas al caer la noche. Piensa qué puedes aprender y empieza partiendo de ello.

Visita también maketimebook.com si quieres más trucos y aplicaciones para ayudarte a empezar.

EJEMPLOS DE AGENDAS

Ver cómo es Make Time en la vida real te ayudará, así que a continuación te mostramos días típicos de nuestras agendas. Puedes aplicar *muchas* tácticas en un solo día; nosotros ni tan siquiera contamos tácticas como «planifica el día», «cierra la sesión», «ponte un reloj de pulsera» o «prueba con un teléfono sin distracciones», que no aparecen en la agenda pero que aplicamos a diario. Pero, aunque sea muy fácil añadir muchas, no es necesario. Son casos extremos —recuerda, somos «frikis del tiempo»—.

Jake

Cuando mi agenda estaba repleta de reuniones, solía usar varias tácticas para acumular energía y mantenerla a lo largo del día. Al conservar la energía, pude ganar tiempo por la noche para escribir mi novela de aventuras.

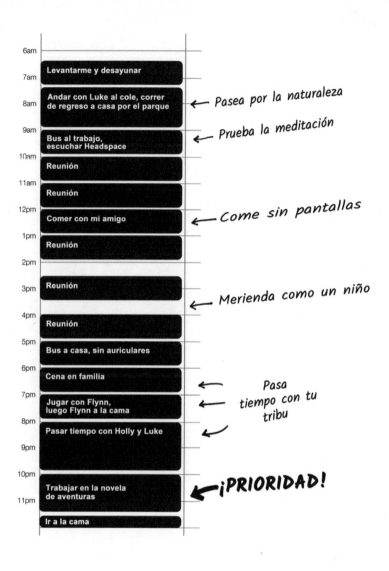

JZ

Así eran mis días entre semana mientras trabajé en Google. Cada día me despertaba temprano y *enseguida* empleaba el tiempo en mi Prioridad, antes de hacer cualquier otra cosa —excepto tomarme un café, por supuesto—. Andando al trabajo, empezaba el día con un impulso de energía. Más tarde, cuando la energía creativa se disipaba, cambiaba el foco de atención y me centraba en el trabajo administrativo —como el correo electrónico— y en revigorizarme —practicando ejercicio, cocinando y pasando tiempo con mi pareja, Michelle—.

CONTENIDOS

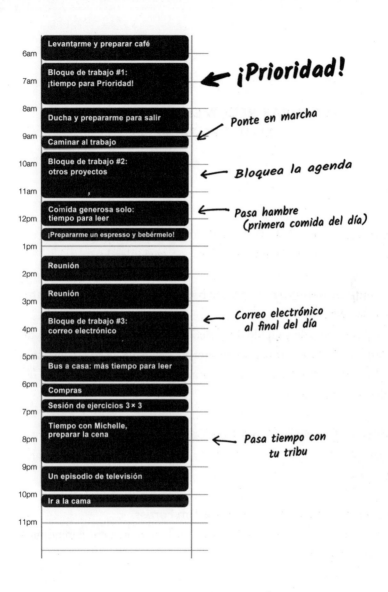

LECTURAS RECOMENDADAS PARA «FRIKIS DEL TIEMPO»

Objetivo: felicidad, de Gretchen Rubin
Este libro te hará más feliz. Es de locos no querer leerlo.

Exprime tus neuronas: 12 reglas básicas para ejercitar la mente, de John Medina
Un repaso divertido y rápido de la ciencia del cerebro, fácil de leer y de recordar (para una lectura más profunda y detallada, te recomendamos *The Distracted Mind: Ancient Brains in a High-Tech World*, de Adam Gazzaley y Larry Rosen).

Enfócate (Trabajo profundo), de Cal Newport
Lleno de estrategias obstinadas y a menudo inusuales para trabajar concentrados.

La semana laboral de 4 horas, de Tim Ferriss
Tim es un superhumano, y nosotros no lo somos, pero aprendimos mucho de este libro.

Organízate con eficacia, de David Allen
Un sistema de organización muy intenso. Nos hemos desviado del camino más veces de las que podamos contar; pero, aunque ya no sigamos este sistema a rajatabla, la filosofía de David Allen sigue con nosotros.

Cómo tener un buen día, de Caroline Webb

Un análisis más profundo de las últimas tendencias en la ciencia del comportamiento, además de recomendaciones para aplicar esta ciencia a tu vida diaria.

Momentos mágicos, de Chip y Dan Heath

Los hermanos Heath te explican por qué algunos momentos marcan nuestras vidas, y luego te muestran cómo crear momentos inolvidables. Lee este libro y aborda tu Prioridad con un vigor renovado.

Headspace, aplicación de Andy Puddicombe

Además de guiarte a través de la meditación, Andy te enseña a tener una buena mentalidad para el mundo moderno.

El poder de los hábitos, de Charles Duhigg

Úsalo como guía para conseguir que las tácticas de Make Time se conviertan en hábitos de larga duración.

Mindset. La actitud del éxito, de Carol Dweck

Los hábitos son muy poderosos, pero a menudo debes hacer un cambio de mentalidad para cambiar tu comportamiento.

El detective en el supermercado, de Michael Pollan

Es la mejor guía para acumular energía comiendo como un cazador-recolector.

Sapiens, de Yuval Noah Harari

Muchas de las tácticas de Make Time se basan en la idea de aprender de los humanos antiguos.

Para una crítica más profunda de la industria de la distracción, te recomendamos *Irresistible*, de Adam Alter; y la página web del Center for Humane Technology, a cargo de Tristan Harris (humantech.com). Para saber cómo se diseñan productos para crear hábitos, *Enganchado*, de Nir Eyal.

A continuación, encontrarás algunas sugerencias personales de ambos:

JZ

La bolsa o la vida, de Vicki Robin y Joe Dominguez
Este clásico aplica los mismos principios que Make Time —repensar los hábitos predeterminados, ser intencional, evitar las distracciones— al tema de las finanzas personales. Es sorprendentemente inspirador.

El arte de la buena vida, de William B. Irvine
Una introducción muy abordable de la filosofía estoica. Como Make Time, el estoicismo es un sistema diario con tácticas para vivir la vida —solo que tiene más de 2.000 años de antigüedad—.

As Long as It's Fun, de Herb McCormick
Esta es una sugerencia distinta: la biografía de una pareja que eligió crear sus propios hábitos predeterminados, construyendo dos barcos, navegando dos veces alrededor del mundo y escribiendo once libros. Inspiración pura.

Jake

Quienes viven, de Annie Dillard
Esta novela —que transcurre cerca de donde crecí, en el noroeste del Estado de Washington— me enseñó a apreciar la vida y el momento, y todavía la llevo dentro.

Mientras escribo, de Stephen King
Por supuesto, este es de lectura obligada para un aspirante a escritor de ficción como yo. Pero no tienes que ser escritor o aficionado a las historias de terror —yo no lo soy— para que te guste este libro. Está lleno de lecciones para desarrollar cualquier trabajo con diligencia y pasión. Y es divertidísimo.

Para terminar, ambos coincidimos en que deberías leer...

Sprint de Jake Knapp, John Zeratsky y Braden Kowitz
Si te gustan las ideas que proponemos en Make Time, prueba con hacer un esprint de diseño en el trabajo.

COMPARTE TUS TÁCTICAS,
ENCUENTRA RECURSOS Y SIGUE EN CONTACTO

En maketimebook.com encontrarás las últimas aplicaciones que te ayudarán con Make Time, junto con nuevas tácticas que hemos desarrollo nosotros mismos u otros lectores, además de poder compartir tus propias técnicas y suscribirte a nuestro boletín.

AGRADECIMIENTOS

Gente maravillosa que nos ayudó a escribir este libro:

Nuestra excelente agente, Sylvie Greenberg, que nos encaminó desde una pila de artículos en el blog hasta el libro terminado. También queremos dar las gracias al equipo de Fletcher & Company: Erin McFadden, Grainne Fox, Veronica Goldstein, Sarah Fuentes, Melissa Chinchillo y, por supuesto, Christy Fletcher.

Nuestra brillante editora, Talia Krohn, que nos ayudó a concentrarnos en lo que importaba, y a hacer este libro lo más útil posible. Y a todo el equipo de Currency: Tina Constable, Campbell Wharton, Erin Little, Nicole McArdle, Megan Schumann, Craig Adams y Andrea Lau.

Nuestra editora en el Reino Unido, Andrea Henry, que nos ofreció un *feedback* inteligente y oportuno.

Nuestros primeros lectores Josh Yellin, Imola Unger, Mia Mabanta, Scott Jenson, Jonathan Courtney, Stefan Claussen, Ryan Brown, Daren Nicholson, Piper Loyd, Kristen Brillantes, Marin Licina, Bruna Silva, Stéph Cruchon, Joseph Newell, John Fitch, Manu Cornet, Boaz Gavish, Mel Destefano, Tim Hoefer, Camille Fleming, Michael Leggett, Henrik Bay, Heidi Miller, Martin Loensmann, Daniel Andefors, Anna Andefors, Tish Knapp, Xander Pollock, Maleesa Pollock, Becky

Warren, Roger Warren, Francis Cortez, Matt Storey, Sean Roach, Tin Kadoic, Cindy Fenton, Jack Russillo, Dave Cirilli, Dee Scarano, Mitchell Geere, Rebecca Garza-Bortman, Amy Bonsall, Josh Porter, Rob Hamblen, Michael Smart, Ranjan Jagganathan y Douglas Ferguson, que compartieron con nosotros sus reacciones honestas y sugerencias perspicaces. Este libro es mucho mejor gracias a vuestros esfuerzos.

Nuestros más de 1.700 lectores de la versión inicial, que nos ayudaron a clarificar y a hacer menos aburrido el principio de Make Time. Son tantos que tienen su propia sección con letra muy pequeña al final del libro.

JZ

En primer lugar, quiero dar las gracias a mi esposa, Michelle. Eres la mejor. Gracias por apoyarme en este proyecto, incluso cuando escribí el primer borrador durante unas vacaciones juntos en San Juan, o cuando trabajar en el libro coincidía con nuestros planes para navegar. Y, especialmente, cuando leíste el manuscrito varias veces, ofreciéndome un *feedback* inteligente desde una perspectiva muy necesaria. Te lo agradezco mucho.

Gracias, Jake. Han pasado seis años desde que hicimos el primer esprint de diseño juntos. Trabajar contigo ha cambiado mi manera de concebir el trabajo. Nunca podría haber planeado o anticipado nuestra colaboración. Y sobre todo, ¡ha sido muy divertido! Hagámoslo de nuevo.

Gracias a mis amigos que han sido modelos a seguir en la oficina. A Mike Zitt, que fue un ejemplo temprano de cómo rediseñar el trabajo para que sea un apoyo para la vida, no al revés. A Matt Shobe, que me mostró el poder del trabajo creativo incondicional —y por ayudarme con la redacción—. A Graham Jenkin, con quien aprendimos que, incluso los directivos con agendas repletas, pueden invertir tiempo para lo que importa. Y a Kristen Brillantes y Daniel Burka, que nos demostraron que pueden ocurrir cosas fantásticas cuando pones todo tu ser en el trabajo.

Gracias, Taylor Hughes, Rizwan Sattar, Brenden Mulligan, Nick Burka y Daniel Burka, por los más de diez años convirtiendo mis ideas de Make Time en aplicaciones. Siempre os estaré agradecido por Done-zo, Compose y One Big Thing.

Gracias a los autores que han cambiado mi percepción acerca del tiempo, la energía y la vida. En especial, a Cal Newport, Gretchen Rubin, James Altucher, Jason Fried, JD Roth, Laura Vanderkam, Lin Pardey, Mark Sisson, Nassim Taleb, Pat Schulte, Paula Pant, Pete Adeney, Steven Pressfield, Vicki Robin y Warren Buffett.

Jake

En primer lugar, quiero dar las gracias a mi querida esposa, Holly. Nunca habría escrito, ni habría podido escribir, este libro sin tu apoyo continuado y tu *feedback* implacable —digo «implacable» en el mejor de los sentidos—. Me haces muy feliz, y te lo agradezco muchísimo.

CONTENIDOS

Luke, gracias por introducirme en el mundo de la gestión del tiempo con tu nacimiento. Gracias por ser siempre mi amigo a lo largo de este proyecto, y por ofrecerme tus capacidades en diseño.

Flynn, gracias por ser tan divertido y por animarme a hacer pausas mientras escribía. También quiero agradecerte que hayas trabajado conmigo en las ilustraciones.

Mamá, gracias por escribir mis historias de cuando era pequeño, por soportar mi sarcasmo en el último curso del instituto y por ayudarme a encontrar las palabras para *Make Time*. Y, más importante, gracias por escribir libros y enseñarme que tal cosa era posible. Si soy escritor, es gracias a ti.

Durante muchos y muchos años, la cita de Gandhi del principio del libro estuvo en el salpicadero de la camioneta de mi padre. Mi padre vivía esa cita. A lo largo de su vida, día tras día, tomaba decisiones poco convencionales para ralentizar y priorizar el tiempo de calidad ante el dinero o el prestigio. No llegará a ver este libro, pero pensé en él cada vez que me sentaba a escribirlo. Papá, te hecho de menos. Gracias por enseñarme a prestar atención.

Muchos amigos me han inspirado con sus concepciones acerca de la vida y del tiempo. En lugar de intentar mencionarlos a todos, me centraré en aquellos que dieron forma a mi pensamiento de manera especial. Scott Jenson y Kristen Brillantes, sois geniales.

Me siento afortunado por tener la oportunidad de publicar un libro, y estoy muy agradecido a todos aquellos que me ayudaron a abrir esta puerta, como Sylvie Greenberg, Christy Fletcher, Ben Loehnen, Tim Brown, Nir Eyal, Eric Ries, Bill Maris, Braden Kowitz y Charles Duhigg.

Este libro también es como un mensaje de admiración que escribe un fan a sus ídolos. Es mi mensaje a los autores que cambiaron mi manera de concebir los días; en especial, Daniel Pinkwater, David Allen, Gretchen Rubin, June Burn, Jason Fried, Barbara Kingsolver, Tim Urban, Annie Dillard, Tim Ferriss, Stephen King, Austin Kleon, Scott Berkun, Dan Ariely, Marie Kondo, Tom y David Kelley y a Chip Heath y Dan Heath. Si por alguna casualidad alguno de vosotros lee los agradecimientos de un libro de autoayuda, consideradlo un cupón para un café; yo invito, cualquier día.

Y, por supuesto, un superdeluxe agradecimiento a mi gran amigo John Zeratsky. Gracias por tu entusiasmo, tu paciencia, tu inteligencia, tu perspicacia, tu diligencia y tus desacuerdos constructivos. Tu visión del mundo me ha inspirado desde el día en que nos conocimos, y fue un placer trabajar contigo —incluso cuando lo recogiste todo y navegaste hasta México—.

CRÉDITOS DE LAS ILUSTRACIONES

Ilustraciones de Jake Knapp

Fotografías del fondo de pantalla del móvil y portátil de Luke Knapp

Algunos dibujos de Flynn Knapp

LA **PRIORIDAD** DE HOY

¿ENCONTRÉ TIEMPO PARA REALIZARLA? ¡SÍ! NO

LA CONCENTRACIÓN HOY

LÁSER (1 2 3 4 5 6 7 8 9 10)

LA ENERGÍA HOY

ENERGÍA (1 2 3 4 5 6 7 8 9 10)

TÁCTICAS PROBADAS HOY: ¿CÓMO ME HA IDO?

TÁCTICAS PARA PROBAR (O VOLVER A PROBAR) MAÑANA:

MOMENTO POR EL QUE HOY ME SIENTO AGRADECIDO:

LECTORES DE LA VERSIÓN INICIAL DE *MAKE TIME*

Quiero agradecer a los 1.700 lectores que se registraron para revisar una versión temprana de este libro y que hicieron unas aportaciones excelentes. Espero que no nos olvidemos de nadie o que no escribamos mal sus nombres; pero, si lo hacemos, sepáis que os apreciamos a todos por igual:

Aaron Bright, MD • Aaron J. Palmer • Aaron Matys • Aaron Rosenberg • Aaron Stites • Aaron • Aarron Walter • Abdulaziz Azzahrani • Abe Crystal • Abhay Shah • Abhishek Kona • Abraham Orellanes • Ad Bresser • Adam • Adam Armstrong • Adam Brooks • Adam Egger • Adam La France • Adam Waxman • Adam Williams • Adarsh Pandit • Adithya J • Aditi Ruiz • Adler • Adrian Abele • Adriano • Adrien • Adrien Gomar • Adrienne Brown • Agha Zain • Agnese Bite • Ahmad Alim Akhsan • Ahmad Fairiz • Ahmad Nursalim • Aileen Bennett • Aina Azmi • Akash Shukla • Alan Tsen • Alan Wojciechowski • Alan Worden • Alar Kolk • Alastair Baker • Albert Ramirez Canalias • Alberto S. Rodrigues Jr. • Alberto Samaniego • Alec James van Rassel • Alejandra • Alejandra Cabrera • Alejandro G. Jack • Alejo Rivera • Alessandro Fusco • Alex Bates • Alex Drago • Alex McNeal • Alex Morris • Alex Sherman • Alex Shuck • Alex Uribe • Alexander Baumgardt • Alexander Krieger • Alexander Paluch • Alexander Zdrok • Alexandre do Amaral Ferrari • Ali Chelibane • Ali Rushdan Tariq • Alice Ralph • Alice White • Alin Tuhut • Allan Lykke Christensen • Alli Myatt • Allison Marie Cooper • Alonso Vargas Esparza • Alvin Rentsch • Aman Mayson • Amaresh Ray • Amber Siscoe Vasquez • Amicis Arvizu • Amir Abbas • Amit Jain •

Amjad Sidqi • Amjid Rasool • Amy Bonsall • Amy Bucciarelli • Amy Chan • Amy DeMoss • Amy J. Buechel • Amy Jo Kim • Amy Mitchell • Amy Parent • Amy Sanders • Ana Karina Caudillo • Ana Lucia • Ana Manrique • Ana Paula Batista • Analisa Ornelas • Anant Jain • Anastasia Gritsenko • Anders Heibrock Mortensen • Anders Wik • André Azevedo • Andre de la Cruz • Andre Nordal Sylte • Andrea Andrews • Andrea Dinneen • Andrea Pashayan • Andrea Romoli • Andrea Wong • Andreas Barhainski • Andreas Cem Vogt • Andreas Knaut • Andreea Mihalcea • Andreia • Andreia Ribeiro • Andres Calderon • Andres Villegas Mesa • Andrew Croasdale • Andrew Kong • Andrew Look • Andrew May • Andrew Peters • Andrew Willis • Andy Boydston • Andy Burnham • Andy Howard • Andy Hugelier • Andy Orsow • Andy Rose • Aneeb Ahmed • Angelica Speich • Angélica Speich • Angie Greenham • Angus Tait • Ankur Kaul • Ann MacKay • Ann Mueller • Anna Andefors • Anna Endres • Anna Iurchenko • Anne Pedro • Anne-Laure Jourdain • Annelie Weinehall • Annette • Annette Achermann • Annette Q. Pedersen • Annette Rodriguez • Annia Monroy Dugelby • Anonymous • Antal János Monori • Anthony James Amici • Antoine Nasser • Antoine Sakho • Anton Jarl • Anton Nikolov • Antonia Ciaverella • Antonio Sánchez Pineda • Antonio Starnino • Antonio Storino • Antoon Melchers • Anuj Duggal • Anurag Adhikary • April Xu • Apurva Pathak • Arb • Arie-Jan Lommers • Ario Jafarzadeh • Arjan de Jong • Arnaud Carrette • Arnaud Le Roux • Arthur Mellors • Arthur von Kriegenbergh • Artur • Artur Eldib • Artur Pokusin • Arturo Lopez Valerio • Arturo Perez Enciso • Arun Kumar • Arun Martin • Arva Adams • Ashita Achuthan • Asia Hege • Assaf Guery • Atar • Athena Zhao • Atif Raza • Axel J. Tullmann • Ayanna Haskins • Ayse McMillan • Bar Wiegman • Barbara Neves Kich • Barbara Valenti • Bart Engels • Bart Melort • Bart Tkaczyk • Bas Kok • Bastian • Bastian M. • Ben Barnett • Ben Havill • Ben Hewitt • Ben Jackson • Ben Phillips • Ben White • Benjamin Miraski • Benson Tait • Benyamin Najafi • Bernard Lindekens • Bernardo Mazzini • Bernardo Núñez Rojas • Bertus Hölscher • Betina Merrild Yde • Bhanu G. • Bharat Saini • Bill Bulman • Bill Cotter • Bill Seitz • Binusha Perera • Björn Barleben • Blair Rorani • Bliss Siman • Boaz Gavish • Bob Dohnal • Bob Monroe • Bogdan Domu • Bohuslav Dohnal • Bosco Zubiaga • Brad Ledford • Brad Snyder • Bree Playel • Bree Thomas • Brendan Kearns • Brendan Raftery • Brenden Rodriguez • Brett Flora • Brian Alexander Lee • Brian Bajzek • Brian Burns • Brian Frank • Brian Kasen • Brian McCormack • Brian Oberkirch • Brian van Stokkum • Brooks Grigson • Bruce Bullis • Bruna Silva • Bruno Campos • Bryan Postelnek • Bryan Walters • Bryann Alexandros • Bryonie Badcock • Bülent

Duagi • Buphinder Thapar • Bur Zeratsky • Byron Silver • Caitlin Hudon • Cameron Compton • Cameron Malek • Camila Rodrigues • Carien • Carlee Malkowski • Carlo Zuffa • Carlos Andres Jaramillo Abad • Carlos Baeza Vásquez • Carlos Diaz • Carlos Freitas • Carlos Mendes • Carolien Postma • Caroline Michaud • Carrie • Carrie Kim • Carrie Tian • Carrie Wiley • Cash • Casimir Morreau • Casper Klenz-Kitenge • Casper Kold • Casper Wolfert • Cathan Milton • Cathrine Fallesen • CelloJoe • César Franca • César García • Chaiyarat Soontornprapee • Chandler Roth • Charbel Semaan • Charles Reynolds-Talbot • Charles Riccardi • Charles Rice • Charles Shryock, IV • Charlie Drew • Charlie Park • Charlotte B. • Charly Mendoza • Chelsey Schaffel • Cheryl Hosking • Chiara Giovanni • Chino • Chino Wong • Chip Dong Lim • Chip Trout • Chris • Chris Alvarez • Chris Barbin • Chris Barning • Chris Bobbitt • Chris Bowler • Chris Brisson • Chris Chappelle • Chris Conover • Chris Dee • Chris Dennett • Chris Gorges • Chris Henderson • Chris Janin • Chris M. • Chris McQueen • Chris Nottle • Chris Palmieri • Chris Sanders • Chris Superfly Jackson • Chris van Leeuwen • Chris Vander Ark • Christian Andersen • Christian Beltrao Andersen • Christian Fuglsang • Christian Mueller • Christian van Leeuwen • Christina Himmelev • Christine Avesen O. Balatbat • Christine Chong • Christoffer Kittel • Christoph Faschian • Christoph Steindl • Christopher "Bibby" Howett • Christopher Lynn • Christopher Polack • Christopher Schroer • Chuangming Liu • Chuck Ward • Chunhao Weng • Ciarán Hanrahan • Cindi Ramm • Cindy Fenton • Claire Hutt • Claire Shapiro • Claudia Melo • Claudio Stivala • Claus Berthou Madsen • Clay Ostrom • Cloed Baumgartner • Colin Clark • Colin Jones • Colin Lernell • Colm Roche • Connor Swenson • Corrado Francolini • Costinel Marin • Courtney Gallagher • Courtney Tulig • Covington Doan • Craig Higton • Craig Merry • Craig Primack • Cyrille Le Rolland • Daan van de Kamp • Damian Fok • Damien Newman • Dan Aschwanden • Dan Benoni • Dan Carroll • Dan Oxnam • Dan Shiner • Dan Weingrod • Dani Glikmanas • Daniel • Daniel Andefors • Daniel Bartel • Daniel Fosco • Daniel Jarjoura • Daniel Kašaj • Daniel Leo Buckley • Daniel Miller • Daniel N. • Daniel R. Farrell • Daniel Ronsman • Daniel Stillman • Daniel Yubi • Danikka Dillon • Danilo Toledo • Danilo Visco • Danni Hu • Danny Holtschke • Danny Spitzberg • Danny Tamez III • Daren Nicholson • Darren Anthony Taylor • Darren Brandwood • Darren Yeo • Darri Ulfsson • Darryn • Darryn Lifson • Dave Best • Dave Cirilli • Dave Hoodspiht (Hoody) • Dave Miklasevich • David Agasi • david beasley • David Breizna • David Bryan • David Buxton • David C. Weinel • David Franke • David G. Hall • David Glauber • David Holl • David Hoogland • David Jones • David McGrath •

David Roche • David Rosenberg • David Thayer • David Walker • David Whipps • Dean Hudson • Deandra Hendrix • Debbie Cotton • Debora Bottà • Dede Nesbitt • Dee Scarano • Deke Bowman • Denis Bartelt • Dennis Furia • Derek Punsalan • Derek Winter • Derick Jose • Devin O'Neil • Devin Pope • Di Mayze • Diana Dragomir • Diana Padron • Diana Pottecher • Dianna Hardy • Dietmar Stefl-Sedlnitzky • Dima Koshevoi • Dimitry Galamiyev • Diogo Romeo Rosanelli • Dipika Mallya • Dirk Belling • Dirk Hens • Divyen Sanganee • Dmitry Krasnoperov • Domenico Giuseppe Nicosia • Dominik Kühner • Don Lenere Woods • Donald Vossen • Donnie Tristan Minnick • Doug Field • Doug Gould • Doug Mather • Doug Tabuchi • Douglas Ferguson • Douglas Nash • Dr. Paul Schultz • Drew Gorham • Dylan Weiss • Dynin Khem • E. Forsack • Ed • Ed Matesevac • Ed McCauley • Eddie Harran • Edmund Komar • Edmund O'Shaughnessy • Eduardo Del Torno • Eduardo H Calvillo-Gamez • Eduardo Peña • Edward Jones • Ehrik Aldana • Eirik Torheim Gilje • Elena Timofeeva • Eli Shillock • Eliot Gattegno • Elizabeth Jarrold • Elizabeth Sankey • Elizabeth Ziegler • Ella Obreja • Ellie Booth • Elmar Kruitwagen • Elodie Rival • Elsa Wormeck • Elzaan Pienaar • Emil Sotirov • Emily Campbell • Emily O'Byrne • Emily Swope Brower • Emma Linh • Emma Rosenberg • EmmanuelG • Eric Garcia • Eric Herrera • Eric J. Garcia • Eric Sinclair • Erica Bjornsson • Erica Key • Erik Arvedson • Erin • Erin Moore • Erin Pinkley • Eron Villarreal • Ethan Cleary • Eunice Sari • Eusebio Reyero • Evan Portwood • Ezequiel Aguilar • F. Marek Modzelewski • Fabian Fischer • Fabian Steiner • Fabrice Liut • Farhad Pocha • Federico Malagoli • Felipe Barbosa • Felipe Castro • Felipe Jiménez Cano • Felipe Pontes • Femi Longe • Femmebot • Feridoon "Doon" Malekzadeh • Fernando Agüero • Fernando Arguelles • Flemming Westberg • Florian Fiechter • Florian Lissot • Florin Sirghea • Francis Cortez • Francis Peixoto • Francis Wade • Francisco Baptista • Francisco González • Francois Brill • François Luc Moraud • Frank • Frank Decavele • Frank Devitt • Frank Jablonski • Frank Pineda • Frank R. • Fred Leveau • Fredrik Johansson • Fredrik Nordell • Fri Rasyidi • Gabor Kiss • Gabor Labancz • Gabriel Garcia • Gabriela Aguirrezabal • Galit Lurya • Gar Morley • Gareth H. McShane • Gareth Kay • Garin Bulger • Garrett Sheridan • Gary Kahn • Gaspard Chameroy • Gaston Serpenti • Gaurav Bhargva • Gaurav Bhargva • Gauresh R. Khanolkar • Gautam Lakum • Gavin Esajas • Gavin Montague • Geert Claes • Geetha Pai • Gemma Curl • Gennadiy Nissenbaum • Geoff Cardillo • Geoffrey Gentry • Geoffrey Lew • George Jigalin • Gerald Carvalho • Ghalib Hussaiyn • Gianfranco Palumbo • Gideon Bullock • Gideon Hornung • Gil Shklarski • Giles Peyton-Nicoll • Gillian •

Gillian Julius • Giorgio Pauletto • Giorgos Gavriil • Giovani Ferreira • Giovanni Caruso • Giovanni Dal Sasso • Gitta Salomon • Glen Crosier • Glenn Exton • Glenna Baron • Gordon Soutar • Gostandinos Christofi • Graeme Wheatley • Graham North • Grandin Donovan • Greg • Greg Bennett • Greg Dudish • Greg Palmer • Gregg Bernstein • Gregg Mayer • Gregory Milani • Gregory Thompson • Guido van Glabbeek • Gustavo del Valle • Gustavo Gawryszewski • Gustavo Machado • Gustavo Reyes • Guy Dickinson • Guy Van Wijmeersch • Halina Mugame • Hameed Haqparwar • Hana Kim • Hang-Tien Lin • Hari Narasimhan • Hassan Syed • Haya Alzaid • Heath Sadlier • Heather Guith • Heather Pettrey • Héctor Calleja • Hector Cardenas • Hedd Roberts • Heidi Miller • Heidi Shipp • Helen • Helen King • Helene Desliens • Hendrik Will • Hendry Sumilo • Hennadiy Kornev • Henrik Bay • Henrik Mitsch • Henrique L. Ribeiro • Henry Soo • Hera Kan • herrK • Hesam Panahi • Holly May Mahoney • Hongyuan Jiang • Horia Sas • Howard Barrett • Hugh Knowles • Hung Le • Hunter Walk • Hwang Seulchan • Hye young Kim (Khaily Kim) • Iaco Berra • Ibraheem Khalifa • Ievgen Ishchuk • Ilhan Scheer • Imola Unger • Imran • Imran Ur-Rehman • Inês Santos Silva • Ingunn Aursnes • Ira Weiss • Irene Meister • Irsan Widarto • Irv Bartlett • Isaac Girard • Ismail Ali Manik • István Kuti • Istvan Nagy-Racz • Ivan Molto • Ivan Zaichuk • Ivana Lukes Rybanska • Ivar Lyngve • Ivo van Hurne • J. Tristram • Jaakko Palokangas • Jack Russillo • Jackson B. • Jacob Colling • Jacob Hage • Jacob McDonald • Jaime Moncada • Jake Colling • Jake Kendall • Jameel Sadruddin Somji • James Carleton • James Lewis • James Lutley • James McDonough • James McGary • James OConnor • James Saunders • James Tao • James Willeford • Jamie Ambler • Jamie Treyvaud • Jamison Shelton • Jan Andersson • Jan Antonin Kolar • Jan Korsanke • Jan Rosa • Jan Seversson • Jared Volpe • Jarryd Hennequin • Jason Carolan • Jason Cooke • Jason Crane • Jason Danyluk • Jason Grant • Jason Horne • Jason M. Banks • Jason Ralls • Jason Rodriguez • Jason Roe • Jason Thorarinsson • Jaspar Roos • Jasper Huang • Jasper Lyons • Jay Eskenazi • Jay OHare • Jay Thrash • Jayne Nguyen • Jeanette Cajide • Jed Brown • Jed Said • Jeevan Jayaprakash • Jeff Blanchard • Jeff Corkran • Jeff McGrath • Jeff Melton • Jeffrey Lin • Jeffrey Mack • Jeffrey Veen • Jena Donlin • Jenifer Padilla • Jenna Dixon • Jennifer Abella • Jennifer Arzt • Jennifer Conant • Jennifer Schuchmann • Jenniffer Whittingham • Jenny Fürstenbach • Jenny Massey • Jeppe Lambæk • Jered Odegard • Jeremy Caplan • Jeroen Goddijn • Jeroen Razoux Schultz • Jeroen van Beek • Jerry Borunda Junior • Jess Telford • Jesse Brack • Jesse Forest • Jessica L. Williams • Jessica Turner • Jet van Genuchten • Jiani Li • Jill Harmon • Jim Evers • Jim McDonough •

Jim Peluso • Jimi Lee Friis • Jimmy Coleman • Jing Zhang • JJ MacLean • JJ Soracco • JLink • Joacim Alm • Joanne Magbitang • Joe Alicata • Joe Barbuto • Joe Moran • Joel Davis • Joelene Weeks • Joh Tienks • John Behrens • John C. Malley • John Cassidy • John Cleere • John Cockrell • John Daniel McGinnis • John Ferrigan • John Fitch • John Gusiff • John Hodgins • John Kembel • John L. Warren • John Loftus • John McGinnis • John Phippen • John Shoffner • John Tristram • John Williams Taylor • John Zimmerman • Jon Gold • Jon Hoover • Jon Izquierdo • Jon-Allan Pearson • Jonathan • Jonathan Caldwell • Jonathan Courtney • Jonathan DeFaveri • Jonathan Diehl • Jonathan Drake • Jonathan Lo • Jonathan McCoubrey • Jonathan Minchin • Jonathan R. Drake • Jonathan Rogers • Jonathan Simcoe • Joost van Schie • Jordan Carr • Jordan Robinson • Jorge Sanchez • Jorunn D. Newth • Jose Platero • Joseph Newell • Josh Kasten • Josh Kubicki • Josh Porter • Josh Turk • Josh Yellin • Joshua Anderton • Joshua Boggs • Joshua Dance • Joshua Galan • Joshua Marshall • Joshua Morris • Joshua Nafman • Josie • Josue B. Garnica • Juan Lombana • Juan Manuel Pasten Martinez • Juan Milleiro • Juan Orozco • Juan Pao • Juergen Koehler • Juleigh Pisciotti • Julia • Julia Butter • Julia Caruso • Julian Austin • Juliana Morozowski • Julianna Probst • Julie Harris • Julien Legat • Juliet Kaplan • Juliette Hauville • Julio Gomez • Jun Hongo • Justin Calingasan • Justin Copeland • Justin Davis • Justin Mathew • Justin Schafer • Justin Swedberg • Justin Talmadge • Justine Win Canete • K. S. S. Raj • Kait Gaiss • Kal Gangavarapu • Karen • Karen Lovejoy • Karen McDonald • Karen Scruggs • Karin Kiesl • Karis Dorrigan • Karl Adriansson • Karsten Mikaelsen • Karsten Nebe • Karsten Ploesser • Kash • Kash Baghaei • Kat Palmer • Kate Flynn • Katharina Simon • Kathy Davies • Kathy Sirui Liu • Kati Tawast • Katie B. London • Katie Dehler • Katie Glass • Katie Moss • Katie Priest • Katrine • Kayode Dada • KC • K.C. Oh • Keerthi Surapaneni • Keith Grinsted • Keith Hopper • Keledy Kenkel • Kellie White • Kelly Larbes • Kelo Kubu • Kelvin O'Shea • Ken Louise • Ken Randall • Kenji Natsumoto • Kennedy Kahiri • Kennith Leung • Kenny Chen • Kevin Bachus • Kevin Blemel • Kevin Fidelin • Kevin Flores • Kevin Henry • Kevin Lücke • Kevin M. Jackson • Khaled Wagdy • Khemya • Khor Zijian • Kim Aage Ditlefsen • Kim Hurtado • Kimitoshi Saji • Kiran Kumar Nagaraj • Kirsten • Kirsten Disse • Kit • Knut-Jørgen Rishaug • Koraldo Kajanaku • Kota Okazaki • Kristen Brillantes • Kristen Rutherford • Kristian Manrique • Kristina Cunningham Bigler • Kristina Lins • Kristoffer • Kristoffer Stenseth • Kristoffer Tjalve • Krzysztof Przybylski • Kuba Butkowski • Kunal Punjabi • Kursat Ozenc • Kyle McEnery • Kyle Nash • Landon C. Akiyama • Lars Olof Berg • Larysa Visengeriyeva • Laura K

Spencer, Ed.D • Laura Thompson • Lauren M. Fischer • Lavrenti Tsudakov • le Rolland • Leah • Leandro Gama • Lee Delgado • Lee Duncan • Lee Jun Lin • Lee Smith • Len Yeh • Leo Almeida • Léo Cabral • Leo Tolstoy • Levi Brooks • Lewis Kang'ethe Ngugi • Lewis Ngugi • Lianne Siemensma • Libor Vanc • Lillian Courtney • Lillian Courtney Coaching • Lina Praškevičiūtė • Lisa Gay Bostwick • Lisa Kurz • Lisa Tjide • Lisa van Mastbergen • Liviu Sirghea • Liz Eden • Liz Lee • Lizzie • Lizzie Weiland • Logan Leger • Loida Valentin • Lorelei Munroe • Lorenzo Hodges • Lorraine Marsh • Lotte Lund Larsen • Lou Fox • Louise W. Klinker • Luca Troisi • Lucas Baraças • Lucas Baraças Figueiredo • Lucas Rowe • Lucas Seidenfaden • Lucile Foroni • Luis Borges • Luis Delgado • Luis R. Meza • Luis Roberto Brenes • Luis X. González • Lukas Arvidsson • Lukas Imrich • Lukas Klinser • Lukas Misko • Łukasz Tyrała • Luke Brooker • Luke Summerfield • Luther C. Lotz II • Luuk van Hees • Lydia Henshaw • Maanavi Tandan • Maciej Gawlik • Madison Spangler • Mads Hensel • Magdalena Małachowska • Maggie Gram • Maggie Powers • Magnus Askenbäck • Magrafx • Maia Sciupac • Maicol Parker-Chavez • Maja Kathrine Lundholm Larsen • Majbritt Sandberg • Maks Majer • Mal Piernik • Maleesa Pollock • Małgorzata Piernik • Manchi Chung • Manny • Manu Cornet • Manuel • Manuel Vigo • Manuele Capacci • Marc Anthony Rosa • Marc Augustin • Marc Emil Domar • Marc Sirkin • Marc Snyder • Marc-Oliver Gern • Marcella Borasque de Paula • Marcelo Paiva • Marcelo Quinta • MarcelR • Marciano Planque • Marco Lohnes • Marco Pardini • Marco Poli • Marcos Ortiz • Marcus Carr • Marcy Chu • Marek Gebka • Marek Modzelewski • Margaret Powers • Margriet Buseman • María Fernanda Flores • María Fernanda Flores G. • María Gracia Morales • Maria Haynie • Maria M. Fabbroni • Marie-Blanche Panthou • Marie-Haude Meriguet • Mariela Barzallo León • Marin Licina • Mario Alberto Galindo • Mario Duck • Mario Galindo • Mario Gamboa-Cavazos • Mario López De Ávila Muñoz • Marion Neumann • Maritta • Mark A. Hart • Mark Arteaga • Mark Bucherl • Mark Bucknell • Mark Butler • Mark Cook • Mark Downey • Mark Garner • Mark Macfarlane • Mark Smith • Mark Stevens • Mark Swaine • Mark Winsper • Mark Zhou • Marko Dugonjić • Marko Soikkeli • Markus "Marek" Gebka • Markus Huehn • Mart Maasik • Martha Valenta • Martin Carty • Martin Hoffmann • Martin Huijbregts • Martin Kerr • Martin Konrad Gloeckle • Martin Kremmer • Martin Labrousse • Martin Loensmann • Martin Nathan • Martin P. Sötzen • Martin Tangel • Martin Veldsman • Martin Wiman • Marv Gillibrand • Mary Selby • Mateus Barreto • Mateusz Tylicki • Matias Bejas • Mats Hansson • Matt Bjornson • Matt Dobson • Matt Dominici •

Matt Harbord • Matt Koidin • Matt Martin • Matt Robbins • Matt Storey • Matt Zuerrer • Matte Scheinker • Matteo Roversi • Matthew Borenstein • Matthew Cunningham • Matthew Hawn • Matthew Lee • Matthew Moran • Matthew Robbins • Maureen Macharia • Mauricio Angulo S. • Mauricio Martinez • Max Birbes • Max La Rivière-Hedrick • Max Pekarsky • Max Stanworth • Maxim Pekarsky • May Thawdar Oo • May Woo • Megann Willson • Meghan Nesta • Meirion Mez Williams • Mel Destefano • Melanie Kahl • Melina Pierro • Melissa Beaver • Melissa Collier • Melissa Flores • Melissa Lacitignola • Melissa Lang • Melissa McCollum • Memo Muñoz Urbina • Mia Mabanta • Michael Beach • Michael Braasch • Michael Bracklo • Michael Davidson • Michael Facchinello • Michael Farley • Michael Harris • Michael Jones • Michael Leggett • Michael Neff • Michael Nikitochkin • Michael Pavey • Michael Sartor • Michael Sitver • Michael Smart • Michael Stencl • Michael Wickett • Michal Nalepka • Michel Jansen • Michell Geere • Michelle Brien • Michelle Dunford-Elliott • Michelle Swan • Mideum Lee • Miguel Vazquez • Mika Jovicic • Mike Barker • Mike Brand • Mike Carpenter • Mike Caskey • Mike Herrmann • Mike Leber • Mike Lovas • Mike Mirabella • Mike Moss • Mike Tobias • Mike Williams • Millie • Misty Karen Antatico • Mitchell Smith • Mitushi Jain • Mo • Moe Abdou • Mogens Skjold • Mohammed Pitolwala • Mohammed Sahli • Mohan Nadarajah • Mollie Duffy • Molly Stevens • Mona Hakky • Monte K. Youngs • MoraMorais • Morgan Lindsay • Morgan Sheeran • Morten Hannibalsen Olsen • Mrinalini Kamath • M.T. Williams • Mudassir Azeemi • Munir Ahmad • Myles • Nadine Steinacker • Nandha • Nandhagopal • Nandini • Nandini Bhardwaj • Natalie Bomberry • Natalie Hewton-Waters • Nate Osborne • Nate W. Godfrey • Nathalia Albar • Nathan Llewellyn • Nathan Wunsch • Nathanael Smith • Naz Hamid • Nealle Page • Neeraj Hirani • Neha Saigal • Nelson Canro • Nenad • Nenad Jelovac • Nicholas Evans • Nick Burka • Nick Busscher • Nick Casares • Nick Chronis • Nick Hallam • Nick Harewood • Nick John Lopez Villaverde • Nick Karpetis • Nick Ng • Nick Ruzhnikov • Nick Sherrard • Nick Stevens • Nick White • Nickolaus Casares • Nicky • Nicky Godden • Nicola De Filippo • Nicolai Fogh • Nicolás Alliaume • Nicolas Hemidy • Nicole Landry • Niels Bruin • Nigel Quinlan • Nikhileswar Jangala • Nikki Will • Nils Smed • Nima Bousejin • Nima Roohi Sefidmazgi • Nina Kostamo Deschamps • Nina Wilken • Nir Eyal • Niraj Shekhar • Nish • Nishant Bhalla • Nitya Narasimhan • Nobuya Sato • Noel Keener • Noel Peden • Norman Tran • Nuno Coelho Santos • Oday mashalla • Ole Rich Henningsen • Olga Repnikova • Oliver Vassard • Olufemi Olowolafe II • Omar B. Sanduka • Omar Rodríguez Bermello •

Omid Elliyoun • Oon Arfiandwi • Oscar Aguayo • Oscar Heed • Owen McCrink • Oz Lubling • Paolo Rovelli • Paolo Tripodi • Paris H. • Parita Kapadia • Parveen Kaler • Pascal Michelet • Patrici Flores • Patrick Barrett • Patrick DiMichele • Patrick Ehrlund • Patrick Hawley • Patrick Hodgdon • Patrick Mooney • Patrick Olszowski • Patrick Vanbrabandt • Patrick Vilain • Patti Hixon • Paul Essene • Paul Moran • Paul Muston • Paul Nikitochkin • Paul Pilling • Paul Reijnierse • Paul Repin • Paul Strzelecki • Paul Sturrock • Pauline Thomas • Pavan S. Kanwar • Pavlo Khud • Pedro Albuquerque • Pedro José Ruíz Díaz • Pedro Ruíz • Peter Anthony Jackson • Peter D. Gilbert • Peter Goody • Peter Light • Peter Pries • Peter Slavish • Petr Stedry • Petra • Petronela Sandulache • Phil Brown • Phil Rivard • Philip Borgnes • Philip Keller • Philipp Gaul • Phyllis Treige • Pierce Smith • Pierre de Fleuriot • Pierre-Denis Autric • Piotr • Piotr Menclewicz • Piper Loyd • Prajwal M. • Pramod Nair • Prashanthi Ravanavarapu • Prateek Vasisht • Priscilla Han • Priscilla Mok • Príya Premkumar • R. Ragavendra Prasath • Rachel B. • Rachel Ilan Simpson • Rachel Lesniak • Rachmat Arsyadi • Rafael "r9rafael" Rocha • Rafael E. Landaeta, Ph.D. • Rafael Milani Archangelo • Rafał Jasiński • Rafał Kowalczyk • Raffaele Antonucci • Rafi Finegold • Rahim Ghassemi • Rahul Kapoor • Raisa Reyes • Rajan • Rajesh • Rajesh 99Aha! • Rajesh Abhyankar • Rajesh Balasubramanian • Rajesh Bhardwaj • Rajesh Viswanathan • Ralph Schmidhalter • Rama Cha • Ramesh Balakrishna • Ramon Schreuder • Ramy Nagy • Ramya • Randall Smith • Ranjan Jagannathan • Raomal Perera • Ray Campbell Lupton • Ray Tilkens • Raymond • Raymond Zhu • Rebecca Garza-Bortman • Rebecca Swan • Reg Tait • Reginald Curtis • Remo Arni • Rene Tomova • Reuben Halper • Rhys Fowler • Riad Lemhachheche • Ric Evans • Ricardo Imbert • Riccardo • Riccardo E. Giorato • Richard • Richard Bostam • Richard Pannell • Richard Phillips • Richard Shenton • Richard Thygeson Bostam • Richard Vahrman • Richard Zuber • Rick Blackwood • Rick Boersma • Rick Hennessey • Riomar Mccartney • Rish Singh • Riza Selcuk Saydam • Rob • Rob Clifton • Rob Hall • Rob Hamblen • Rob Hinckley • Rob McCoy • Robert Dale • Robert Gibson • Robert Rafiński • Robert Skrobe • Robert Wemyss • Robert Westerhuis • Robin C. • Robin Dhanwani • Robin Kraft • Rocky Gonzales • Rodrigo Estevam • Rodrigo Hurtado • Roger Navarro • Rohan Perera • Rohit • Rohit Sharma • Ron Grass • Ron Joy • Rosana Johnson • Rosemarie Withee • Ross Slater • Roy Abbink • Roz Duffy • Rudolf T. A. Greger • Rui Gomes • Ruohan • Ruohan Chen • Russell Morton • Ruzanna Rozman • Ryan • Ryan Brown • Ryan McCollum • Ryan McCutcheon • Ryan Winzenburg • S. Rao • Sabrina Vigil • Sai Krishna Rallabandi • Salva Ferrando • Sam Epstein • Sam Peckham

• Samuel Hamner • Samuel J. Tanner • Sana Mohammed • Sandra Sobanska • Sandro Pugliese • Sanjeev Arora • Santhosh Guru • Santiago Eastman • Santiago Marcó • Saoirse Charis-Graves • Sara Thurman • Sarah Cooper • Sarah Dean • Sarah Decaria • Sarah Dyer • Sarah E. Jewell • Sarah Halliday • Sarah Mondol • Sarah Revell • Sarah-Anne Alman • Saskia Clauss • Saul • Saul Diez-Guerra • Scot Westwater • Scott Hurff • Scott Jenson • Scott Shirbin • Seamus Nally • Sean Gallivan • Sean O'Connor • Sean O'Leary • Sean Roach • Sean Seungwan Lim • Sean Smith • Sean Taylor • Sebastian Koss • Sebastian Vetter • Sebastian Weise • Sébastien Faure • Seijen Takamura • Sergio • Sergio Panagia • Serguei Orozco • Shachaf Rodberg • Shane Feltham • Shane Ryan • Shanin • Shannon K'doah Range • Shari Harrison • Sharon Hsiao • Sharon Sciammas • Shau-Chau You • Shaun Adams • Shaunacy Ferro • Shawn Jones • Shefali Netke • Sheila Bulthuis • Sheldon Schwartz • Shin Lim • Shing Huei • Shirley Bunger • Shodeinde Peter Oladimeji • Shruthi Bhuma • Sid Bhargava • Signe Skriver • Silvio Gulizia • Similla Aslaksen • Simo Hakkarainen • Simon Gale • Simon H. • Simon Matty • Simon Smith • Simon Tyrrell • Simone Ellis • Simone Saldanha • Simran Thadani • Simunza Muyangana • Siri Tejani • Siva Sundaram • Siyu Chen • Slavik Kaushan • Soo Beng • Sophia Hafyane • Sophie Hwang • Søren Martin Mark Andersen • Spencer ODell • Srinivasa Kalidindi • Stefan Claussen • Stefan Petzov • Stefan Schreiber • Stefan Sohnchen • Stefanie Nagel • Steffen Meyer • Stéph Cruchon • Steph Fastre • Steph Moccia • Stephan Hammes • Stephan Kardos • Stephen Sherwin • Stephen Tomlinson • Steve Neiderhauser • Steven Mak • Steven Nguyen • Steven Twigge • Steven Villarino • Stewart Sear • Stewart Walker • Stowe Boyd • Stu Malcolm • Stuart Lawder • Sudarshana Sampath • Sudhakar Kuchibotla • Sumant Subrahmanya • Sumit Parab • Sunita Ramnarinesingh • Suprasanna Mishra • Suranga Nanayakkara • Surendra Chaplot • Surya Vanka • Susan O'Malley • Sven Lenaerts • Swaminathan Jayaraman • Swathi Bhuma • T. J. Chmielewski • Takuo Doi • Tamara • Tan Yeong Sheng • Tatiana Teixeira • Tav Klitgaard • Tawney Hughes • Taylor Wimberly • Teodor N. Rotaru • Thai Huynh • TheRealPVB • Theron D. Makley • Thiago Carvalho • Thiago Mazarão Maltempi • Thijs Loggen • Thomas Dittmer • Thomas Evans • Thomas Grill • Thomas Klein Middelink • Thomas Klueppel • Thomas Papke • Thomas Rademakers • Thomas van der Woude • Thomas William Evans • Thu Pystynen • Tiffany Zhong • Till • Till Köhler • Tim • Tim Casasola • Tim Gouw • Tim Hoefer • Tim Schulze • Tim Upchurch • Timothy Nice • Tin Kadoic • Tish Knapp • Tobias Theil • Tobin Schwaiger-Hastanan • Toby • Todd Chambers • Tom • Tom Berkemeier • Tom Britton • Tom Cannon • Tom Hall • Tom Kane • Tom Kerwin

• Tom Rantala • Tomás Nogueira • Tomasz Mirowski • Tomasz Rybak • Tomasz Szer • Tommi Ranta • Toms Rīts • Ton van der Linden • Toni Karttunen • Tony Threatt • Torry Colichio • Tosin Lanipekun • Townes Maxwell • Tracy Makkoo • Tracy Stevens • Travis B. Mitchell • Travis DeMeester • Travis Williams • Tridip Thrizu • Tristan Legros • Troels Overvad • Troy Winfrey • Trudy Cherok • Tulsi Dharmarajan • Tuomas Saarela • Tupijara • Tyler Hartrich • Tyler Leppek • Tyler McIntyre • Uma Sundaram • Ursula Pritz • Vadym Zhernovoi • Valerie Kalantyrski • Vance Stahl • Vani Henderson • Vasyl Slobodian • Vegard Jormeland • Vicki Tan • Victor Baroli • Victor M. Gonzalez • Victoria Hobbs • Victoria Schiffman • Vidhi Gyani • Vik Chadha • Vik Highland • Vikram Tiwari • Viktor Soullier • Vilav Bhatt • Viljar Rystad • Vince Law • Vincent Dromer • Virgil Cameron • Virginia J. Barnett • Vivian Agura • Vivian Gomes • Vlad Lakčević • Wagner Lucio • Warren Springer • Wayne Strong • Wesley Noah • Whui-Mei Yeo • Will Chambers • Will Dages • Will Munce • Will Vaughan • William Frazier • William Gruintal • William LaRue • William Newton • William Quezada • William Ukoh • William Wells • Willmar A. Pimentel • Wolo • Xander Pollock • Xian • Xiaojie Zheng • Xin-Fang Wu • Yashu Mittal • Yasith Abeynayaka • Yausshi Sakurai • Yohsuke Miki • Yoshinobu • Young Jang • Younghwan Cheon • Yugene • Yukiko Matsuoka • Yukio Ando • Yvonne Saidler • Zhuoshi Xie • Ziad Wakim • Zike • Zoe Moulson • Zoe T. Do • Zvi Goldfarb

ÍNDICE

Otros títulos de Reverté Management

Michael D Watkins es profesor de Liderazgo y Cambio Organizacional. En los últimos 20 años ha acompañado a líderes de organizaciones en su transición a nuevos cargos. Su libro, **Los primeros 90 días**, con más de 1.500.000 de ejemplares vendidos en todo el mundo y traducido a 27 idiomas, se ha convertido en la publicación de referencia para los profesionales en procesos de transición y cambio.

Las empresas del siglo XXI necesitan un nuevo tipo de líder para enfrentarse a los enormes desafíos que presenta el mundo actual, cada vez más complejo y cambiante.
Este libro presenta una estrategia progresiva que todo aquel con alto potencial necesita para maximizar su talento en cualquier empresa.

Publicado por primera vez en 1987 **El desafío de liderazgo** es el manual de referencia para un liderazgo eficaz, basado en la investigación y escrito por **Kouzes** y **Posner**, las principales autoridades en este campo.
Esta sexta edición se presenta del todo actualizada y con incorporación de nuevos contenidos.

¿Por qué algunas personas son más exitosas que otras? El 95 % de todo lo que piensas, sientes, haces y logras es resultado del hábito. Simplificando y organizando las ideas, Brian Tracy ha escrito magistralmente un libro de obligada lectura sobre hábitos que asegura completamente el éxito personal.

Crear un equipo y un entorno donde la gente pueda desarrollar bien su trabajo es el mayor reto de un líder, a quien también se le exige que mejore el rendimiento de su equipo a través de un liderazgo innovador. La Mente del Líder ofrece importantes reflexiones y puntos de vista que nos muestran el camino a seguir para que todo esto suceda.

Solicita más información en
revertemanagement@reverte.com
www.reverte.com

También disponibles en formato e-book